I0149316

Hebreos y Santiago
Un comentario conciso

Maximiliano Gallardo

Copyright © 2025 Maximiliano Gallardo

Todos los derechos reservados. Ninguna parte de esta publicación puede ser reproducida o transmitida en ninguna forma o por ningún medio, electrónico o mecánico, incluyendo fotocopias, grabaciones o cualquier sistema de almacenamiento o recuperación de información, sin el permiso previo por escrito del autor.

A menos que se indique lo contrario, las citas bíblicas de esta publicación han sido tomadas de la versión Reina-Valera 1960™ © Sociedades Bíblicas en América Latina, 1960. Derechos renovados 1988, Sociedades Bíblicas Unidas. Utilizada con permiso.

Hebreos y Santiago: Un comentario conciso.
Primera edición 2025

Diseño de portada: Amy Asher

ISBN: 979-8-9931056-2-8
Primera edición

ÍNDICE

SANTIAGO

PREFACIO

Este libro nace de la convicción de que existe la necesidad de producir comentarios bíblicos que sean más fáciles de leer para el lector no especializado.

En mi experiencia personal de más de cuarenta años como profesor de instituciones de educación ministerial, me he enriquecido con comentarios bíblicos extensos que aportan una cantidad de información asombrosa al lector. Considero que estos son un gran aporte a la erudición bíblica, y cumplen un papel importante en la educación cristiana.

Sin embargo, este comentario trata de combinar la investigación erudita con una sencillez de lenguaje. Evitando así el uso de terminología técnica y comentando el mensaje de los pasajes bíblicos de manera concisa. Sin extenderse demasiado en detalles que no interesan a todo lector.

El nivel de lectura de este comentario se acomoda al nivel de personas que estudian en institutos bíblicos y líderes de la iglesia local. Esto no significa que no contenga investigación exegética avanzada, sólo que esta no entra en la profundidad de otros comentarios más técnicos.

Maximiliano Gallardo
Springfield, Missouri

AGRADECIMIENTOS

Agradezco primeramente a Dios por concederme la oportunidad de escribir este comentario bíblico, que espero sea un aporte al estudio de la Palabra de Dios entre las iglesias de habla hispana.

Doy gracias a Dios por mi esposa Angélica Gallardo y mis hijas Priscilla y Noemí por su constante apoyo y aliento, mientras escribía este libro.

Reconozco a varios amigos que gentilmente se tomaron el tiempo de leer el manuscrito, indicar correcciones y darme sugerencias para mejorar su contenido. Estoy muy agradecido a Dr. Pedro Rubio, Dra. Miriam Monnet, Pastor Gerson Agüero y su esposa Verónica Alfaro, y Pastor Omar Gutiérrez.

ASPECTOS METODOLÓGICOS

Existen en la actualidad numerosos comentarios bíblicos que consideran en detalle el contenido de cada frase del texto, identificando detalles exegéticos que conducen al análisis de la terminología griega y sus relaciones gramaticales. Considerando además asuntos vinculados con la crítica textual, tales como variantes, glosas y traducciones antiguas. Por lo general tales comentarios contienen muchos detalles y usan lenguaje técnico, ya que están orientados a estudios avanzados del texto bíblico.

No es así el caso con este comentario. La metodología de estudio exegético se basa en el concepto de analizar párrafos en lugar de frases. Desde esta perspectiva, se han identificado secciones, divisiones y párrafos en el texto de esta epístola. Cada sección se inicia con un comentario de introducción, así el lector podrá tener una idea del contenido de la sección, indicando los temas que abarca. Luego, las secciones están subdivididas en divisiones, cada división ha identificado los párrafos que la componen, indicando los versículos que abarcan. Así, se hacen comentarios del contenido de cada párrafo, reconociendo las unidades de pensamientos del autor en relación con el párrafo en sí, con su contexto inmediato y con el resto de la carta.

Este comentario está orientado a personas que estudian en institutos bíblicos o a líderes de iglesias locales, no tiene el objetivo de producir contenido técnico para investigadores. Eso no significa que no se haya hecho investigación de la erudición bíblica publicada por los expertos, sino que se ha simplificado el lenguaje y la extensión de los comentarios, para ofrecer así un contenido accesible para cualquier creyente interesado en comprender mejor el mensaje del texto bíblico. Considerando este factor, el uso del texto griego del Nuevo Testamento está limitado a lo estrictamente necesario. Cada vez que se mencionan palabras o frases del griego, estas no han sido acentuadas.

Se ha evitado la interrupción de los comentarios al texto bíblico al no insertar excesivamente citas de otros escritores. La mayoría de tales citas se han agregado como notas al pie de página. Así el lector que desea mayor profundización podrá acceder a más información respecto de algún tema que le interese en particular.

Es la esperanza del autor que este comentario conduzca a sus lectores a una mejor comprensión de estas epístolas, y a un mayor conocimiento de Dios y su fe en Cristo.

Hebreos

INTRODUCCIÓN A HEBREOS

Aspectos generales

La *Epístola a los hebreos* es uno de los libros más complejos del Nuevo Testamento. Su lectura es difícil porque se necesita un conocimiento detallado del Antiguo Testamento, especialmente de las ceremonias y oficios del culto levítico. El autor de la epístola está convencido de que los lectores están familiarizados con los personajes y detalles ceremoniales que él menciona.

Su contenido está bien estructurado y la argumentación central del autor se sostiene a través de toda la obra. Es una carta muy cristológica desde el principio, ya que Jesucristo se mantiene siempre en el centro de la exposición.

A través de enseñanzas doctrinales, alternadas con exhortaciones, el autor cumple su cometido de presentar a Jesucristo como la revelación final y definitiva de Dios. Toda revelación anterior dada por Dios a su pueblo debe ceder paso a la palabra última de Dios en Cristo: "en estos postreros días nos ha hablado por el Hijo" (1:2). Se da así preponderancia al hecho de que la obra de Jesucristo da por cumplida de una manera superior todos los aspectos del culto levítico. De manera que Dios ha establecido un camino de salvación en Cristo que es definitivo e inmutable.

Es el único escrito del Nuevo Testamento que identifica a Jesucristo como sumo sacerdote de un orden superior al sacerdocio aarónico. El esfuerzo del escritor fue motivado por la difícil situación que enfrentaban los cristianos judíos a los que va dirigida la carta. Ellos estaban desanimados y se sentían tentados a abandonar su fe para volver al judaísmo.

Al recalcar la superioridad de Cristo sobre la ley mosaica les motiva a permanecer en lo que han creído, alertándoles sobre las consecuencias de abandonar su fe.[1]

Género literario

Aunque el escrito es denominado en el canon bíblico como una *epístola*, el autor describe su obra como una "palabra de exhortación" (13:22). La versión *Dios Habla Hoy* lo traduce como "palabras de aliento". El escrito carece de las formalidades propias de una carta. No se menciona quién escribe ni la ubicación geográfica de los receptores, tampoco aparecen los saludos iniciales acostumbrados de *gracia y paz* (Ro. 1:7; 1Co. 1:3; 2Co. 1:2, y otros).

Aunque el escrito comenzó a circular en las iglesias tempranamente a manera de una epístola, éste parece más bien un *sermón largo* con despedida y saludos, al final se menciona a uno de los colaboradores del apóstol Pablo, el "hermano Timoteo" (13:23), y unos saludos de "los de Italia" (13:24). El escrito, entonces, podría ser clasificado como una epístola inusual.[2] Para fines prácticos, este comentario

---

[1] Scott D. Mackie afirma con mucha razón: "La 'epístola a los Hebreos' es seguramente uno de los textos más extraordinarios del Nuevo Testamento (NT). Se puede argumentar, de hecho, que en todo el Nuevo Testamento, Hebreos tiene la cristología más elevada, la más completa soteriología y escatología realizada, la visión más clara de los costos y beneficios de la vida cristiana, la inmersión más profunda en el mundo del pensamiento del Antiguo Testamento (AT) [...], así como la exhortación más apasionada y las habilidades retóricas literarias más refinadas" (2016: 1).

[2] El comentarista clásico Samuel H. Turner afirma: "¿Es esta obra propiamente una epístola o un discurso religioso instructivo? Este punto es realmente de poca importancia, ya que la decisión no afecta en grado alguno las afirmaciones, doctrinas, argumentos, o contenido práctico de la obra. Aunque no toma la forma usual de una carta en su comienzo, la

identificará Hebreos ya sea como *carta* o *epístola*.

Autor

El escritor de la carta no se identifica por nombre en ningún momento en el escrito.[3] Se podría suponer que la iglesia receptora conocía bien al escritor, de manera que no necesitaba presentación. Al final de la epístola el autor pide oración para que él sea "restituido más pronto" al grupo de receptores (13:19). Lo que indicaría que formaba parte de esta comunidad de cristianos.

La ausencia del nombre del autor ha dado motivo para que surjan varias teorías sobre quién pudo haberla enviado. ¿Qué se menciona en la carta? Él afirma que el evangelio de la palabra anunciada por Jesucristo le "fue confirmada por los que oyeron" (2:3). Él se incluye entre los que recibieron el mensaje de aquellos que lo "oyeron". Lo que indicaría que no fue un discípulo de Jesús durante el ministerio terrenal de éste.

El hecho que conociera a Timoteo, y tuviera una relación estrecha con este colaborador del apóstol Pablo, podría indicar que formó parte de aquellos bajo la influencia del apóstol. Su familiaridad con Timoteo llega al punto de que espera visitar a los receptores de la carta cuando se encontrara

---

evidencia interna en general confirma la probabilidad de que sea lo que siempre ha sido reconocido: La *Epístola* a los Hebreos" (1852: iv).

[3] "Aunque el texto de Hebreos no indica el nombre del autor, sí revela mucho acerca de su habilidad, sus preocupaciones, y su relación con aquellos a los que escribe. Él fue un experto en escribir con un griego elegante, y entendía los principios de retórica y persuasión cómo se enseñaban en el mundo antiguo. Él tenía un conocimiento profundo del Antiguo Testamento, y una clara comprensión de cómo debía ser interpretado a la luz de su cumplimiento en Cristo" (Cockerill 2012: 2).

con él. "Sabed que está en libertad nuestro hermano Timoteo, con el cual, si viniere pronto, iré a veros" (13:23).

El contenido de la carta refleja la influencia teológica de Pablo; no obstante, el autor presenta una perspectiva diferente en cuanto a la relación entre la obra de Cristo y la ley mosaica.

También, el escritor demuestra un conocimiento experto de los detalles relacionados con la cultura judía y sus tradiciones, la historia de Israel y los elementos del culto mosaico, lo que podría indicar que era parte de la comunidad de judíos convertidos a la que escribe. El autor también sobresale por citar extensamente el Antiguo Testamento,[4] lo que evidencia su gran conocimiento de las Escrituras. Además, hay evidencia en Hebreos 13:18-25 de que el escritor podría haber sido parte del liderazgo de este grupo de creyentes.[5]

---

[4] "Ningún otro libro en el Nuevo Testamento contiene tantas citas del Antiguo Testamento y se basa tanto en el Antiguo Testamento para apoyar su argumento como lo hace el libro de Hebreos. El Antiguo Testamento es la única fuente que el autor cita y lo hace 35 veces (aunque hay mucho debate sobre el número exacto). El escritor incluye muchas alusiones a pasajes sin citarlos, ecos que resuenan con un evento o concepto particular del Antiguo Testamento, hace la cita más larga del Nuevo Testamento (Jr 31:31-34) y la cadena más larga (1:5-13). Por lo tanto, tenemos un excelente ejemplo práctico de cómo un escritor del Nuevo Testamento interpretó el Antiguo Testamento y lo usó para construir su argumento" (Laughton: 2005).

[5] "Según 13:17-19, [el escritor] parece haber sido parte de los líderes de esta comunidad de fe. Las expresiones 'orad por nosotros' (v. 18) y 'para que yo os sea restituido' (v. 19), junto con la exhortación a 'obedeced a vuestros pastores, y sujetaos a ellos' (v. 17), apoyan esta noción. Además, 13:22 indica que el autor era el líder que estaba escribiendo esta palabra de exhortación, lo que sugiere que era considerado el principal portavoz entre los líderes. Aparentemente, estaba ausente de

Entre los posibles autores, se ha mencionado al apóstol Pablo, Aquila o Priscila, Apolos y Bernabé, entre otros. Todos los mencionados, exceptuando por supuesto al apóstol, fueron creyentes judíos del círculo de colaboradores de Pablo. Consideraremos estos nombres uno por uno para evaluar su posible autoría de la carta.

Pablo. Los comentarios más antiguos dieron crédito al apóstol Pablo como autor de la carta.[6] La mención de Timoteo al final de la epístola alienta esta idea. Timoteo fue un estrecho colaborador de Pablo, de manera que parece natural pensar que el apóstol es el autor. Si este fuera el caso, habría que encontrar una razón válida de que Pablo no se presentara formalmente como el autor, como lo hace en sus cartas.

Además, el autor menciona que le fue anunciado el evangelio "por lo que oyeron". Sin embargo, Pablo en sus cartas enfatiza que su llamamiento fue directo por la visión que tuvo camino de Damasco, y las posteriores revelaciones que recibió directamente de Jesucristo. Él afirma: "Mas os hago saber, hermanos, que el evangelio anunciado por mí, no es según hombre; pues yo ni lo recibí ni lo aprendí de hombre

---

la congregación en ese momento por algunas razones desconocidas" (Rhee 2012: 367).

[6] "Clemente [de Alejandría, (c. 150–c. 215)] testificó que la epístola fue escrita por Pablo *en el idioma hebreo* y fue traducida por Lucas al griego. Orígenes considera los pensamientos de la epístola como los de Pablo, pero el lenguaje como el de un discípulo del gran apóstol, y finalmente llega a la conclusión de que sólo Dios sabe quién escribió esta carta. No menciona [Orígenes] un original hebreo. Sin embargo, tanto Clemente como Orígenes están de acuerdo en considerar la epístola en griego como paulina sólo en un *sentido secundario*" (Berkhof 2010, ebook, cursivas añadidas).

alguno, sino por revelación de Jesucristo" (Gá. 1:11-12).[7]

Aquila o *Priscila*. Este matrimonio de colaboradores de Pablo eran judíos que emigraron de Roma debido a la persecución que sufrieron los judíos allí por parte de las autoridades romanas. Pablo los conoció al llegar a Corinto en su segundo viaje misionero. Se hicieron amigos debido a que compartían el mismo oficio (Hch. 18:1-4). Cuando Pablo salió de Corinto, Aquila y Priscila lo acompañaron. Llegando juntos a Éfeso, donde se quedaron cuando Pablo salió de allí para volver a Antioquía (Hch. 18:18-21).

Se cree que cualquiera de ellos califica para haber escrito la epístola en su calidad de judíos cristianos, su familiaridad con la cultura judía, y por ser colaboradores de Pablo. El nombre de Priscila fue propuesto por Adolf von Harnack (Guthrie 1970, 696-97). Sin embargo, esta propuesta tiene poco apoyo en la comunidad académica. F. F. Bruce indica que "el único lugar en la epístola donde los requerimientos de género en la gramática griega indica el sexo del autor [Hebreos 11:32],

---

[7] Louis Berkhof agrega: "Aquellos que piensan que Pablo escribió Hebreos observan que sus versículos finales se refieren a "nuestro hermano Timoteo", una expresión que Pablo usaba a veces para referirse a su colaborador Timoteo (Heb. 13:23; 2 Corintios 1:1; 1 Tesalonicenses 3:2; Fil. 1), e incluyen saludos y admoniciones como las que se encuentran al final de las cartas de Pablo. Teológicamente, Hebreos es similar a las cartas de Pablo en su presentación de la obra salvadora de Cristo y sus comentarios acerca de la ley judía, el nuevo pacto y la fe (Hebreos 8:6-13; 11:1-40; 2 Corintios 3:1-18; Romanos 1:17-18). Sin embargo, en contra de la autoría paulina, muchos han señalado que el autor de Hebreos recibió el evangelio de segunda mano, mientras que Pablo afirma haberlo recibido de Cristo (Hebreos 2:3; Gálatas 1:11-12), y señalan que Hebreos tiene un estilo único y temas no paulinos, tales como el sacerdocio de Cristo. Hoy en día, pocos piensan que Pablo escribió Hebreos" (2010: ebook).

este usa el género masculino" (1990: 18). Además, el autor indica que visitaría la iglesia con Timoteo, esto descarta a Priscila ya que era impropio que una mujer viajara con un varón que no fuera su esposo.

Apolos. Este fue un "judío [...], natural de Alejandría (un centro de erudición judía), varón elocuente, [y] poderoso en las Escrituras" (Hch. 18:24), que llegó a Éfeso, dónde Aquila y Priscila "le expusieron más exactamente el camino de Dios" (Hch 18:26). Indicando con esto que tenía nociones incompletas de la obra de Jesucristo, al haber sido enseñado solo en "el bautismo de Juan [el Bautista]" (Hch. 18:25).

Una vez que recibió instrucción de Aquila y Priscila él viajó a Acaya (Grecia), seguramente a Corinto donde "fue de gran provecho a los que por la gracia habían creído" (Hch. 18:27). Apolos es mencionado en la Primera Epístola a los Corintios, donde se indica que su ministerio tuvo tal impacto que algunos creyentes corintios se identificaron como seguidores de él, al punto de crear divisiones (1Co. 1:10-12).

Aunque no fue un convertido directo de Pablo, Apolos sí recibió instrucción paulina, primero indirectamente a través Aquila y Priscila, y posteriormente de Pablo mismo al hacerle parte de su grupo de colaboradores ((1 Co. 16:12). En la Epístola a Tito se lo menciona ministrando en las iglesias fundadas por Pablo, tales como la iglesia en Creta. "A Zenas intérprete de la ley, y a Apolos, encamínales con solicitud, de modo que nada les falte" (Tito 3:13).

Apolos califica de sobra como escritor de la carta debido a su formación alejandrina, su profundidad de conocimiento de las Escrituras, su trasfondo cultural judío y su capacidad de argumentación retórica. El uso de las Escrituras del Antiguo

Testamento en Hebreos se asemeja al uso de las tales por parte del filósofo judío alejandrino Filón, que pudo haber influenciado a Apolos por ser de la misma ciudad.[8]

Bernabé. Otro líder asociado con el apóstol Pablo fue Bernabé. Este creyente judío fue clave en relacionar a los líderes de la iglesia de Jerusalén con el recientemente convertido Saulo (Hch. 9:27). Más adelante trabajaron juntos en la formación espiritual de la iglesia de Antioquía (Hch. 11:25).

Junto con Pablo fueron comisionados por esta iglesia como misioneros, y Bernabé acompañó a Pablo en su primer viaje misionero (Hch. 13:1-3). Debido a desacuerdos con Pablo sobre la inclusión de su sobrino Juan Marcos en el equipo del segundo viaje misionero, decidieron formar equipos misioneros diferentes. Así, fueron cada uno en direcciones distintas (Hch. 15:37-39). Bernabé fue un creyente dedicado a la enseñanza, y tuvo mucha relación con Pablo como colaboradores mutuos. Como maestro y buen conocedor de la cultura judía podría haber escrito la Epístola a los Hebreos.[9]

---

[8] El comentarista clásico, Franz Delitzsch, afirma: "Según la conjetura de Lutero de que Apolos escribió la epístola, no hay tradición eclesiástica, ni medios posibles para probar su verdad. Al mismo tiempo, nadie puede negar que el carácter de Apolos (o Apolodoro), tal como lo describe San Lucas (Hechos 18:24, etc.), corresponde muy sorprendentemente al carácter de la epístola" (1875: 18).

[9] "Aquellos que sugieren que Bernabé es el autor señalan que él era un levita de Chipre (Hechos 4:36) y por lo tanto un miembro del partido helenista en la iglesia de Jerusalén. Sobre esta base, se sugiere que pudo haber compartido las perspectivas anti-templo de Esteban (Hechos 7:48-50). Durante un tiempo fue un colaborador cercano de Pablo (Hechos 9:27; 11:30; 13:1-14:28)" (Carson y Moe 2005, 603). Uno de los promotores de la paternidad literaria de Barnabás fue Tertuliano (160-

No se indica en la carta detalles sobre la situación del autor, a menos que la referencia a Italia (13:24) indique el lugar donde él se encontraba. La famosa frase de Orígenes: "Sólo Dios sabe quién escribió Hebreos", sigue estando vigente, por la carencia de evidencia definitiva sobre el autor.

Receptores

Si no hay certeza acerca de quién escribió la carta, tampoco la hay respecto de la ubicación geográfica de la comunidad de creyentes a la cual fue enviada. Se piensa que el título de la epístola fue añadido posteriormente,[10] considerando el contenido de ella.

El texto indica que ellos eran creyentes cristianos judíos familiarizados con el idioma griego, que conocían bien la historia, cultura y religión judía.[11] Estaban pasando una difícil situación que había enfriado su fe y fervor (2:1; 3:12; 4:16; 5:11; 12:12, 25).

No hay mención geográfica del lugar dónde se hallaba esta

---

220 d.C.), quien se piensa reflejó la opinión de varios de sus contemporáneos (Guthrie 2002: 690).

[10] "El título adjunto a esta carta en el manuscrito más antiguo existente es 'A los hebreos'. De hecho, no hay manuscritos de la carta que no lleven este título. Ya en tiempos de Clemente de Alejandría y Tertuliano, la epístola era conocida con este título. Sin embargo, no se da ninguna indicación específica en el texto de la carta misma de que los lectores fueran hebreos y, por lo tanto, es posible que el título no fuera original." (Guthrie 1983: ebook).

[11] Craig Koester añade: "El libro menciona personajes de la historia de Israel, tales como Abraham, Sara, Melquisedec, Moisés, Aarón y muchos más. Hay contrastes entre el antiguo y el nuevo pacto, el sacerdocio levítico y el sacerdocio de Cristo, y el Monte Sinaí y la Jerusalén celestial, todo lo cual habría sido de interés para lectores cristianos judíos" (2010: 614).

comunidad de creyentes, excepto por la frase ambigua: "Los de Italia os saludan" (13:24). Tal expresión podría significar que la *comunidad* se hallaba en Italia, y que algunos creyentes del mismo lugar estaban con el autor y enviaban saludos. Por otro lado, puede significar que el *autor* se hallaba en Italia y que la comunidad en la que estaba ministrando enviaba saludos a la comunidad receptora. También puede significar que algunos creyentes de Italia estaban de paso por el lugar donde estaba el autor, y enviaban saludos aprovechando el hecho que el autor estaba enviando un mensaje a una congregación hermana. James Moffat afirma al respecto: "Gramaticalmente, cualquiera de estas interpretaciones es posible, y no hay tradición que decida el asunto" (1924: 247).

La decisión es compleja al considerar también la situación de desaliento que estaba experimentando la iglesia receptora debido a una reciente persecución (10:32-36). ¿De dónde procedió la persecución? No hay mención del origen de esta, el autor advierte sobre la tentación de abandonar la fe cristiana y regresar al judaísmo (10:19-25). Tal situación no correspondería si la persecución hubiera venido de las autoridades romanas, pues ellas buscaban suprimir la fe cristiana y no presionar a los creyentes a volverse otra vez a la religión judía. Por otro lado, si la persecución fue romana, existe la posibilidad de que los cristianos judíos supusieran que al volverse al judaísmo ya no serían considerados cristianos, y no volverían a ser perseguidos.

Si procedió de los judíos, ¿en qué parte geográfica tenían ellos suficiente influencia para perseguir a los cristianos judíos? En Jerusalén los judíos tenían influencia para tal persecución, pero el autor no escribe en arameo, el idioma más común allí, sino en un griego refinado y culto. Este era más apropiado para judíos residentes en el mundo de influencia griega. El apóstol Pablo obtuvo cartas de autoridad para perseguir a los cristianos en Damasco, Siria, una región cercana a Judea (Hch. 9:1-2). Si la persecución procedió de los judíos, debe haber sido en un lugar al que tenían acceso a través de las autoridades para ello, lo que indicaría tal vez un lugar cercano a Judea con una comunidad de judíos considerable e influyente. La tentación de volver atrás indicaría que había presente en el lugar una comunidad de judíos donde podían retornar a la sinagoga. Sin embargo, no hay seguridad respecto del lugar geográfico en que se hallaba la iglesia.[12]

---

[12] George H. Guthrie se inclina a pensar que la iglesia receptora se hallaba en Roma: "Es probable que la iglesia a la que se dirija se encuentre en la ciudad de Roma. Entre los más de un millón de habitantes de Roma en el primer siglo cristiano, entre cuarenta y sesenta mil eran judíos. Muchos de ellos eran ciudadanos romanos, tenían nombres griegos o latinos y hablaban griego. [...] En Hebreos 13:24 el autor escribe: 'Los de Italia os saludan'. Aunque la frase 'de Italia' es ambigua, la misma frase se usa de Aquila y Priscila en Hechos 18:2. En contexto, se refiere a aquellos de Roma que luego residen en otro lugar que no sea Roma. Por lo tanto, parece que el autor está escribiendo a Roma mientras se asocia con algunos que son de allí. Un segundo punto a favor de un destino romano es que el primer uso documentado de Hebreos en la iglesia primitiva se encuentra en una carta pastoral conocida como Primera de Clemente, una carta escrita por Clemente de Roma a la iglesia de Corinto. La influencia de Hebreos se ve a lo largo de toda la obra" (2002: ebook). Craig S. Keener sugiere una comunidad localizada en algún lugar de Asia Menor o Siria, "La persecución temprana se ajusta a Tesalónica y posiblemente a Filipos en Macedonia, aunque una comunidad en Asia Menor o Siria con una representación étnica más judía podría adaptarse mejor" (2003: 642).

Situación de la iglesia

Por el contenido de la carta, entendemos que los destinatarios estaban atravesando por una crisis en su fe. Ellos habían mantenido sus convicciones durante una persecución reciente que ya había pasado. Sin embargo, estaba pasando por desaliento, nostalgia por el judaísmo que habían dejado por convertirse a Cristo, y una crisis de fe que les tentaba a volverse a su antigua religión.[13]

El escritor de la epístola les alerta con serias advertencias sobre las consecuencias que les vendrían si abandonan su fe en Cristo por una religión que la obra y persona de Jesucristo ha superado en todo, y les alienta a perseverar en su fe (10:26-31).

Tal vez la razón de su desánimo fue que, aunque habían perseverado con gozo durante la persecución, al parecer no habían visto cumplidas sus expectativas. Podría ser que esperaran un pronto retorno de Jesucristo (10:37-38), y que al no verlo comenzaran a dudar si valía la pena mantener su fe. El judaísmo que habían dejado parecía una buena alternativa, pues les ofrecía la seguridad que necesitaban.

Fecha de la epístola

Los argumentos del autor para demostrar lo absurdo del hecho que los creyentes quisieran volver a su antigua religión judía, muestran que el sistema de sacrificios asociado con el

---

[13] Respecto de la crisis de fe de la iglesia receptora, Craig R. Koester comenta: "Al presentar a Jesús como el heroico pionero de la salvación y el sumo sacerdote misericordioso, el divino Hijo de Dios y un ser humano afligido, el autor busca reforzar la confianza de sus lectores para que puedan aferrarse a su confesión de fe y continuar apoyándose mutuamente en comunidad" (2010: 613).

templo de Jerusalén estaba aún activo (Heb. 10:11).

La carta argumenta que todos los aspectos del culto levítico son innecesarios debido a la revelación superior en Cristo. Esto indicaría por lo tanto una fecha previa a la caída de Jerusalén y la destrucción del templo en el año 70 d.C., que puso fin al culto levítico.[14] La carta era ya conocida por el año 93 d.C. "Clemente de Roma (circa 93) cita libremente la epístola, pero en ninguna ocasión nombra a su autor" (Dods 1890: 178).

Bosquejo del contenido

I. Introducción 1:1-4

II. Jesucristo es superior a los ángeles (1:5-2:18)

III. Jesucristo es superior a Moisés y a Josué (3:1-4:13)

IV. Jesucristo tiene un sacerdocio superior al levítico (4:14-10:39)

V. La verdadera fe persevera (11:1-12:29)

VI. Exhortaciones y despedida (13:1-25)

---

[14] "Alguna alusión a los sucesos del [año] 70 seguramente hubiera fortalecido su argumento de que el primer pacto entonces era "viejo y anticuado" (Hebreos 8:13). En consecuencia, parece que lo mejor es llegar a la conclusión de que Hebreos fue escrita en algún momento de la década anterior al 70 d. de J.C" (Peterson 1999: ebook).

I. INTRODUCCIÓN (1:1-4)

1 Como ya se ha dicho antes, este escrito carece de información sobre el autor o los receptores, y desde esa perspectiva sobresale como un escrito único en el Nuevo Testamento.

La carta desde su introducción sitúa a Jesucristo en el centro de la exposición.[15] Se indica que Dios habló a su pueblo "muchas veces y de muchas maneras" a los "padres" (antepasados) de los receptores de la epístola, por medio de profetas que Él levantó.

La revelación dada por Dios fue progresiva ("muchas veces")[16] y adoptó muchas formas. El Antiguo Testamento narra que Dios se comunicó con el pueblo hebreo usando

---

[15] "Aquí, en la introducción del libro, el autor presenta los temas principales que se detallarán en el sermón (por ejemplo, Dios, la Palabra de Dios, el Hijo, la superioridad y el sacrificio del Hijo) y lo hace con estilo, utilizando recursos estilísticos tales como el paralelismo y la aliteración (cinco palabras en 1:1 comienzan con la letra griega *p*)" (Guthrie 2002: ebook).

[16] James Morrison indica: "La idea es que Dios no abrió de inmediato la plenitud de su mente y se desplegó para mostrar los tesoros de su gracia. Su plan se basaba en el principio de un 'poco aquí' y 'un poco allá'. Su revelación fue dada 'por partes'. Llegó 'poco a poco', a medida que los antepasados judíos pudieran recibirla" (1875: 61). Bernard Ramm agrega: "Lo que significa la aseveración de que la revelación es progresiva es que, en líneas generales, se mueve hacia una expresión más clara e ideas más elevadas acerca de Dios, así como hacia doctrinas éticas más refinadas. Naturalmente, la raíz del progreso en la revelación es el progreso en la redención divina. Esta es la corriente que la lleva, y, puesto que la vida y obras del Salvador se encuentran en el Nuevo Testamento, el Antiguo no puede lograr la plenitud y perfección *(teleiósis)* del Nuevo" (1967, 106).

variadas maneras.[17] El autor menciona específicamente la palabra de Dios que fue dada a los antepasados israelitas "por los profetas". Aunque el primer personaje bíblico que fue identificado como "profeta" es Abraham (Gn. 20:7); no obstante, el profeta hebreo por excelencia es Moisés (Dt. 18:18; 34:10)). Este fue el modelo de los profetas que vendrían después de él, ya que Dios anunció que él levantaría profetas en medio del pueblo (Nm. 12:6).

El ministerio profético de Moisés otorgó a los hebreos la ley que les regiría, y los profetas posteriores llamaron al pueblo a mantenerse fiel a ella (Is. 8:20). Los profetas escritores cumplieron un papel fundamental en comunicar el mensaje de Dios y preservarlo para las generaciones posteriores. En el libro de los Salmos se revela también actividad profética de sus compositores, varios Salmos son citados como profecía (Mt 21:42; 27:43; Hch. 2:30-31; 4:25–26; Heb. 7:17). El hecho que la poesía cantada fue parte integral de los mensajes dados por los profetas se evidencia en pasajes tales como: Isaías 11 y Habacuc 3. Los profetas escritores eran tenidos en alta estima por los judíos por el tiempo del Nuevo Testamento, y sus escritos considerados como palabra de Dios.

2a Sin embargo, ahora, en "estos postreros días", la palabra de Dios se ha revelado "por el Hijo". La venida de Jesucristo inaugura un nuevo periodo que el Nuevo testamento

---

[17] Los profetas hebreos hablaron al pueblo hebreo de varias formas. A través de mensajes orales y escritos (Is. 38:4-5; Jer. 2:1-2; Is. 30:8; Jer. 36:2; Hab. 2:2), acciones simbólicas (Os. 1:4-9; Is. 7:3; 8:1-4; 20:1-6; Jer. 19:1-15; 27:1-28:17; Ez. 4:4–17; 5:1-4; 12:1-20), composiciones poéticas cantadas (Is.12:1-5: Hab. 3:1-19); en el Nuevo Testamento se citan pasajes de los Salmos como profecía, Hch. 2:30), y por su ejemplo personal de fidelidad a Dios (Stg. 5:10).

identifica como "los postreros días" (Hch. 2:17; 2Tim. 3:1; 2 Pedro 3:3).[18] Hemos estado viviendo en este periodo durante los últimos 2000 años, desde la encarnación del Hijo de Dios.

Pedro indica que la presencia del Espíritu Santo ha sido derramada sobre los que creen, de la misma manera en que vino sobre los profetas del Antiguo Testamento. Una promesa dada por Dios a través del profeta Joel para "los postreros días", se cumple en el acontecimiento de Pentecostés (Hch. 2:17). En este nuevo periodo, Dios habla a su pueblo a través de Jesucristo, su "Hijo". Simon J. Kistemaker indica:

> Como Dios ha hablado por medio de su Hijo, así el Hijo ha hablado por medio de los apóstoles que, inspirados por el Espíritu Santo, escribieron los libros del Nuevo Testamento.

---

[18] "En el Nuevo Testamento [...] la frase 'postreros días' marca la sección final del presente período mundial, del presente *aion* [palabra griega que significa 'época']. En tres de los pasajes del Nuevo Testamento se expresa la consciencia de que estos 'postreros días' han llegado, y que el período que se extiende desde la aparición o la resurrección de Cristo hasta su segunda venida es la parte final de la era presente, en la que el escritor y los lectores están viviendo los 'postreros días'. En un pasaje (1 Pedro 1:5) 'el tiempo postrero' se proyecta más adelante en el futuro, de modo que viene a significar el tiempo inmediatamente anterior a la reaparición de Cristo. Ambos usos pueden explicarse fácilmente. Los días del Mesías eran para los escritores del Antiguo Testamento parte del mundo futuro, aunque para el judaísmo posterior parecían estar de este lado del mismo, porque diferían del mundo venidero en su carácter terrenal y temporal. A los cristianos primitivos les parecían los días del Mesías más estrechamente asimilados en carácter al mundo futuro, de modo que no existía ninguna razón a este respecto para no incluirlos en este último. Sin embargo, también se comprendió que el Mesías en su primera aparición no había traído la plena realización del mundo venidero, y que sólo su regreso del cielo consumaría el reino de Dios. Por consiguiente, los días en que vivieron significaron para ellos el carácter de un período intermedio, marcado por una parte del desarrollo anterior por la aparición del Mesías, pero igualmente marcado desde el *aion* venidero por su reaparición en gloria" (Vos 1915; ebook).

La nueva revelación que Dios nos ha dado en su Hijo es continuación de la revelación dada a los antepasados. La revelación de Dios, completada en su Hijo, es una unidad, una totalidad armónica en la cual lo Antiguo es consumado en lo Nuevo (1991:40-41).

El resto de la carta se encargará de demostrar que la revelación dada por el Hijo de Dios, Jesucristo, es *la palabra final y definitiva de Dios*. Todo lo que Dios reveló en el pasado pierde vigencia ante lo que Dios ha dicho por medio de Jesús en *palabra y obra*. Esto debido a la absoluta superioridad de Jesucristo sobre toda persona usada por Dios como instrumento de revelación en el pasado.[19]

Al mencionar a los profetas como portadores de una revelación parcial, y al presentar a Jesucristo como portador de la revelación final, se reconoce al Señor Jesús como el profeta definitivo, el Hijo.[20]

---

[19] James W. Thompson escribe: "El contraste entre la revelación de Dios en el pasado con la revelación de Dios en el Hijo (1:1-2) anticipa la comparación constante en el libro [Hebreos] de las instituciones e individuos del Antiguo Testamento con los de la nueva era inaugurada por Cristo. La descripción de la obra de Cristo como la realización de la 'purificación de los pecados' (1:3) anticipa la elaborada descripción de la obra sacerdotal de Cristo en 5:1-10:39. La afirmación de que Cristo es exaltado a la diestra de Dios (1:3) se hace en las palabras del Salmo 110 y se convierte en un estribillo constante a lo largo de Hebreos (cf. 1:13; 8:1; 10:12)" (1996: 411).

[20] "La superioridad de Cristo sobre los profetas de antaño se sugiere en los versículos introductorios de la epístola, al declarar que la palabra final de Dios ha sido hablada en la persona de aquel que es el Hijo. Esta palabra final cumple y trasciende todas las palabras previas que Dios habló a través de los profetas. De manera que no hay lugar para la admiración de los profetas de antaño en una manera que desafiaría la supremacía de aquel que en sí mismo es únicamente la Palabra, consustancial con el padre, el agente de la creación, el sostenedor del

2b-4 Ahora el autor procede a describir la magnificencia de la persona de Jesucristo que lo hace único como revelador definitivo de la voluntad de Dios. Su superioridad se muestra en su *naturaleza*, él es heredero de todo, agente creador de todo cuanto existe, "resplandor de la gloria de Dios"[21] e "imagen"[22] perfecta de quien Dios es, y quien con su palabra poderosa sostiene todo lo que existe. Estos atributos se presentan para enfatizar la *deidad* de Jesucristo. Estas características de Jesucristo aparecen en otros pasajes de las Escrituras (Jn. 1:1-2; Col. 1:15-19).

Su superioridad se muestra también en su *obra*. Por medio de su muerte expiatoria ha provisto perdón de pecados (Hch. 5:31; 10:43; 13:38; Col. 1:14, 20), y fue exaltado a la diestra de Dios en el cielo (Hch. 2:33; 5:31; Fil, 2:9-11). La obra expiatoria del Hijo, y su papel como sumo sacerdote

---

universo, heredero de todas las cosas, y el redentor exaltado del mundo (1:1-3)" (Hughes 1977: 4)

[21] Miguel Nicolau comenta: "El resplandor va siempre unido a la luz y procede de ella, y ésta siempre necesariamente produce el resplandor. Así el Padre —como lo pusieron de manifiesto los escritores eclesiásticos contra las herejías, sirviéndose de estos textos— necesariamente produce al Hijo, y éste siempre procede de aquél y está unido con Él. Con lo cual se indica la eterna consustancialidad de estas personas divinas, señalada también con el participio presente y permanente ('siendo')" (1962: 18).

[22] "La palabra hace, por tanto, referencia a las características de una cosa o persona que nos permiten reconocerla por lo que es. Esta imagen literaria puede también evocar la 'representación' de un progenitor que se reconoce en el rostro de sus hijos. Con solo ver la cara del niño se hace inmediatamente evidente la estrecha relación familiar que existe entre ambos. Lo que el Hijo representa es el 'ser' del Padre, es decir, su naturaleza esencial. Por tanto, la expresión, 'fiel imagen de lo que él es', sigue estrechamente lo que afirman otros pasajes del Nuevo Testamento que hablan de Jesús como 'forma', 'semejanza' o 'imagen' de Dios (p. ej., Jn 1:2; Fil 2:6; Col 1:15). El Hijo proporciona, pues, una imagen verdadera y digna de confianza de la persona del Padre" (Guthrie 2014: ebook).

intercesor en el cielo, serán explicados con detalles más adelante en la epístola.

4 La última descripción de la persona de Jesús relacionada con su superioridad sobre los ángeles, debido a su "más excelente nombre" será explicada en los pasajes que siguen.

II. JESUCRISTO ES SUPERIOR A LOS ÁNGELES (1:5-2:18)

En la introducción se había adelantado que Jesucristo tiene un "nombre" que lo hace superior a los ángeles. Él es el *Hijo*. Los ángeles eran estimados por los judíos como reveladores de la voluntad de Dios, pensaban que fueron instrumentales en la entrega de la ley mosaica, seguramente basándose en el siguiente pasaje del libro de Deuteronomio: "Dijo: Jehová vino de Sinaí, y de Seir les esclareció; resplandeció desde el monte de Parán, y vino de entre diez millares de santos, con la ley de fuego a su mano derecha" (Dt.33:2). Se identificaba a los "diez millares de santos" como ángeles.

Tal idea se refleja en otros pasajes del Nuevo Testamento (Hch. 7:53; Gá. 3:19). El autor recuerda esta tradición al exhortar a los receptores: "Porque si la palabra dicha *por medio de los ángeles* fue firme, y toda transgresión y desobediencia recibió justa retribución…" (2:2, cursivas añadidas).

Así, tiene mucho sentido que la epístola comience con presentar a Jesucristo como superior a los ángeles, ya que según tal tradición la entrega de la ley fue mediada por ellos.[23]

El autor indica que Jesucristo es superior a los ángeles como un argumento para demostrar que Él es portador de una revelación superior a la entregada por los ángeles.[24] De manera que "en estos postreros días nos ha hablado por el Hijo" (1:2), y la palabra dada por los ángeles (la ley) ya pierde vigencia.

Los pasajes bíblicos que el autor usa son tomados de la traducción del hebreo al griego llamada Septuaginta o Versión de los Setenta.[25] El uso que el autor hace de las

[23] "En el pasaje anterior, el escritor se preocupó por demostrar la superioridad de Jesús sobre todos los profetas. Ahora está interesado en demostrar su superioridad sobre los ángeles. El hecho de que él piense que vale la pena hacer esto demuestra el lugar que la creencia en los ángeles tenía en el pensamiento de los judíos de su tiempo. […] En el Antiguo Testamento la ley fue dada directamente por Dios a Moisés, sin necesidad de intermediarios. Pero en los tiempos del Nuevo Testamento los judíos creían que Dios dio la ley primero a los ángeles, quienes luego se la transmitieron a Moisés, siendo impensable la comunicación directa entre el hombre y Dios" (Barclay 1976, ebook).
[24] Algunos comentaristas piensan que aquí se está refutando un falso concepto de Jesucristo entre los receptores, al negar estos su deidad y considerarlo como un ángel. El autor quiere dejar en claro que Jesús es el Hijo, Dios mismo, y los ángeles son servidores. Craig S. Keener indica: "Reconociendo a Jesús como suprahumano pero no deseando ofender a sus colegas judíos que aseguraban que la unicidad de Dios no permitía la divinidad de Jesús, algunos judíos cristianos del segundo siglo presentaban a Jesús como un ángel principal. La tentación para seguir tal camino probablemente ya se había hecho presente entre los lectores de esta carta, así que el escritor advierte con vehemencia en contra de dicho punto de vista. Cristo era divino y también se humanó; pero nunca fue un ángel" (2003: 646).
[25] Esta traducción de las escrituras hebreas al griego fue realizada por eruditos judíos en Alejandría, Egipto, bajo el auspicio del gobernante Ptolomeo II Filadelfo (284–246 a. C.), en Alejandría, Egipto. Se piensa que

Escrituras del Antiguo Testamento refleja las técnicas exegéticas judías familiares para él, y pueden resultar hoy un poco forzadas. No obstante, eran aceptadas como válidas por los lectores originales. Por otro lado, las verdades que él afirma son ciertas, y confirmadas por otros pasajes del Nuevo Testamento.

Se extiende la intención original de las citas para reconocer un sentido más pleno, mediante *una lectura cristológica* de estos pasajes. Esta facultad usada por algunos escritores del Nuevo Testamento ha sido identificada como el reconocimiento de un *sensus plenior* o "sentido más pleno" de los pasajes citados. Esto es impulsado por el Espíritu Santo. Tal facultad fue propia de los escritores inspirados canónicos, y no forma parte de la interpretación bíblica hoy, ya que el canon está cerrado y la inspiración del Espíritu no está creando Escrituras canónicas.

A. Jesucristo es el Hijo eterno de Dios (1:5-14)

5-9 Se procede a demostrar entonces, mediante citas del Antiguo Testamento (Sal. 2:7; 2S. 7:14; Dt. 32:43 (versión LXX) o Sal. 97:7; Sal. 104:4; 45:6-7; 102:25-27; 110:1),[26] que Jesucristo, el "Hijo" tiene una naturaleza y autoridad

---

tomó muchos años el completar la obra. Esta traducción era la preferida entre los judíos que no podía leer hebreo, pero sí griego.

[26] George H. Guthrie afirma lo siguiente respecto de las citas del Antiguo Testamento: "Los maestros del judaísmo en general, tanto entre los rabinos como entre los intérpretes de Qumrán, a veces usaban 'palabras clave' para unir los textos del Antiguo Testamento que giraban en torno a un tema en particular. Estas citas en cadena, o *ḥāraz*, traían a colación una cantidad de evidencia bíblica para apoyar el tema del maestro. El texto de 1:5-12 consta de tres movimientos, cada uno con un par de citas del Antiguo Testamento, de la Septuaginta, que apoyan la superioridad del Hijo sobre los ángeles" (2002, ebook).

incomparable, por sobre la de los ángeles. "El argumento es que Jesús no es meramente el principal en el rango de los poderes angélicos; antes bien, Él es totalmente único, sin comparación alguna" (Charles 1990: 177).

Se indica que los ángeles tienen una posición inferior a la de Jesucristo. Él es el Hijo de Dios (1:5), Dios lo reconoce como tal ("yo te he engendrado"). Pablo usa el mismo pasaje bíblico para recalcar la resurrección de Jesús (Hch. 13:33).[27]

Como el "primogénito",[28] los ángeles le deben adoración, pues Él los creó (1:6, véase Col. 1:15-17). El Hijo reina con

---

[27] George H. Guthrie coincide con esta línea de pensamiento: "La iglesia primitiva entendió que el Salmo 2:7 se refería a la inducción de Jesús a su posición real como rey del universo en la resurrección y exaltación. En esos acontecimientos, Dios vindicó a Jesús como Mesías y estableció su reino eterno (véase Hechos 13:32–34; Romanos 1:4). Dios convirtiéndose en el padre del Hijo, entonces, se refiere a la expresión abierta de Dios de su relación tras la entronización de Cristo, una interpretación que encaja bien en el contexto del Antiguo Testamento" (2007: ebook). Philip E. Hughes, por otro lado, piensa que el pasaje señala la encarnación del Hijo de Dios, donde ángeles participaron en la anunciación a María y la celebración del nacimiento de Jesús (Lc. 1:28-35; 2:8-15) (1977: 53).

[28] El uso de la palabra "primogénito" para referirse al Señor Jesús, cobra un sentido diferente del común, que designa al primer nacido de una familia. En las Escrituras hay evidencia abundante de que el Señor Jesús es Dios mismo y eterno, sin comienzo ni fin. Por lo tanto, el uso de la palabra "primogénito" no señala temporalidad ni principio. El uso de la palabra en el Nuevo Testamento para referirse al Señor tiene diferentes matices. Se dice que Jesús es el "primogénito entre muchos hermanos" (Ro. 8:29), lo que indica que es la cabeza o representante de una nueva humanidad, él es el Adán postrero. Él es el "primogénito de toda creación" (Col. 1:15), esto no implica que fue creado, sino que tiene un rango supremo y autoridad sobre la creación. Se lo llama también "primogénito de entre los muertos" (Col. 1:18; Ap. 1:5), que apunta a que su resurrección inaugura una nueva humanidad. El uso que hace el autor de Hebreos con la frase: "...cuando introduce al Primogénito en el mundo", afirma su deidad y su relación única con el Padre.

justicia, la mención de "tus compañeros" en la cita no se refiere a los ángeles sino a humanos ungidos como reyes anteriores al Rey Mesías (1:8-9).

10-14 A diferencia de los ángeles creados; Jesús es el creador eterno desde el principio, al cual el tiempo no afecta (1:10-12); y el Hijo comparte la autoridad de Dios al sentarse a su diestra, hasta el tiempo que sean vencidos todos sus enemigos (1:13).

Por otro lado, los ángeles son poderosos en acción y apariencia ("espíritus", "llama de fuego" (1:7), pero sólo son "ministros" (servidores) de Dios, y están al servicio de los creyentes que han heredado[29] la salvación provista por Jesucristo (1:14).

B. Primera advertencia: Ser diligentes en la salvación recibida (2:1-4)

1-2 El autor usa el tema central que viene tratando (en este caso el tema de Jesucristo como superior a los ángeles) para incluir una exhortación o advertencia a los receptores. La amonestación busca diligencia en mantenerse en la palabra que los creyentes han recibido, pues existe el peligro de apartarse de su fe en Cristo si fallan en esto. Se les recuerda

---

[29] La herencia recibida por los salvados en Cristo se menciona con mucha frecuencia en el Nuevo Testamento. La herencia la reciben los que tienen la fe que salva (Ro. 4:14); los creyentes son "herederos de Dios y coherederos con Cristo" por su calidad de hijos de Dios (Gá. 4:7; Ro. 8:17); la herencia está asociada con la promesa de ser justificados por la fe (Gá. 3:18); ésta fue preparada por Dios de antemano (Ef. 1:11); la presencia del Espíritu Santo morando en el creyente es un anticipo de la herencia que le espera (Ef. 1:13-14). Por esta razón los creyentes son "peregrinos y extranjeros" en este mundo, pues Dios les ha preparado una herencia celestial (Heb. 11:16).

que la "palabra" de la ley, que según la tradición fue entregada por ángeles, fue "firme". Las transgresiones al pacto de la ley fueron castigadas severamente por Dios. La historia del pueblo en el desierto es un testimonio evidente de los castigos que sufrieron los hebreos por su infidelidad al pacto. Los receptores como beneficiarios del nuevo pacto propiciado por Cristo deben mantenerse fieles a su fe.

3-4 La advertencia es que la infidelidad de los judíos cristianos puede recibir la misma retribución que tuvieron sus antepasados, considerando que la salvación que ellos han recibido excede a las de los judíos de antaño. Se les recuerda que la salvación recibida fue primero anunciada por Jesucristo, el Hijo, (no por ángeles), y luego "confirmada" por sus discípulos.

Además, la palabra anunciada fue apoyada por medio de "señales y prodigios y diversos milagros y repartimientos del Espíritu Santo" (2:4). La salvación aceptada por los cristianos judíos cuenta con manifestaciones de poder del Espíritu que seguramente ellos mismos habían presenciado, o sido beneficiarios. Este recordatorio se asemeja las palabras de Pablo: "Aquel, pues, que os suministra el Espíritu, y hace maravillas entre vosotros, ¿lo hace por las obras de la ley, o por el oír con fe?" (Gá. 3:5).

C. Jesucristo provee la salvación (2:5-18)

5-9 Se sigue ahora con el tema de los ángeles. Si los ángeles tuvieron participación en el pacto de la ley, este ya no es el caso con la salvación en Cristo. "Porque no sujetó a los ángeles el mundo venidero" (2:5), sino a Jesucristo, el Hijo. La expresión "mundo venidero" está muy relacionada con "los postreros días" días, y se superponen. El autor viene

31

hablando de la "salvación tan grande" anunciada por Cristo, y confirmada con señales y milagros. Esta es un adelanto del mundo futuro en que el Mesías reinará. Los creyentes ya participan anticipadamente de las bendiciones del nuevo orden que vendrá en plenitud en la Segunda Venida de Cristo. Ellos disfrutan hoy "de la buena palabra de Dios y los poderes del siglo [gr. *aion*, "era"][30] venidero" (6:5).

Los ángeles que eran tan admirados y apreciados por los judíos no cumplen ningún papel revelador en la salvación provista en el nuevo pacto, sino que ésta está totalmente centrada en la obra de Jesucristo, el Hijo. Mediante una lectura cristológica de la cita del Salmo 8:4-6, se propone que el cumplimiento de este pasaje no se lleva a cabo en el ser humano natural, sino en la persona de Jesucristo. Él es el Hombre por excelencia, el Hijo de Dios encarnado.[31]

El hombre natural no cumple este pasaje ya que todas las cosas no le han sido sujetas, esto se cumplirá en la persona de Jesucristo como cabeza de una nueva humanidad, el segundo

---

[30] Dale F. Leschert indica: "En el judaísmo apocalíptico del siglo I había una expectativa generalizada de una nueva era (4 Esdras 6:7-10; 7:112-113; 2 En. 65:7-8). Tal criterio se convirtió en la base para la división judeocristiana de la historia mundial en dos eras (Mateo 12:32; Efesios 1:21): la presente bajo el dominio de Satanás y caracterizada por el mal (2 Corintios 4:4; Gálatas 1:4), y la que vendría (Lucas 18:30; Juan 17:3). El Nuevo Testamento sostiene la convicción de que la era venidera ya ha aparecido en Jesucristo (1 Corintios 10:11; Hebreos 6:5; 9:26), y se manifestará plenamente en su Segunda Venida" (2000: 28).

[31] "Aquí se aplica el Salmo 8 particularmente a Jesús. Como precursor del dominio sobre la Tierra que se le devolverá a la humanidad, fue hecho menor que los ángeles por un tiempo, pero ahora está coronado de gloria y honor a la derecha de Dios. Por su vida perfecta, su muerte en la cruz y su exaltación hace posible para la humanidad redimida el cumplimiento final del Salmo 8 en el reino futuro, cuando el ser humano volverá a ganar la soberanía sobre la creación" (Jaramillo 2002: 1951).

Adán (Ro. 5:14; 1Co. 15:22, 45).[32] El Hijo encarnado, hecho temporalmente "poco menor que los ángeles", fue "coronado de honra y de gloria" debido a su muerte expiatoria, la cual padeció en forma vicaria por el ser humano. Cristo muere en lugar del que merece la muerte: el ser humano. La gracia de Dios hace que la muerte de Jesús sea el medio de proveer salvación para "todos", e inaugurar una nueva humanidad en Cristo.

10-18 En el propósito de Dios estuvo que el Señor fuese "perfeccionado", o alcanzase idoneidad como Salvador, por medio de padecimientos (al participar del sufrimiento humano, incluida la tentación, 2:18). De esta manera Él lleva a los salvados a compartir la "gloria" de Jesucristo. Tanto Jesús ("el que santifica", la palabra *santificar* es usada por el autor para denominar la salvación), así como los creyentes ("los que son santificados", es decir los salvados), pertenecen a Dios ("de uno son todos").

Por lo tanto, Jesucristo se complace ("no se avergüenza") en llamar "hermanos" a los redimidos. Nuevamente se leen citas del Antiguo Testamento de manera cristológica para apoyar el punto de que el Hijo logra filiación divina para los creyentes (Sal. 22:22; Is. 8:17-18). Dios considera a los creyentes como "hijos", debido a que el Salvador les llama "hermanos". Esto viene como producto de la identificación

---

[32] "Cuando una persona falla en el cumplimiento del propósito divino (como en alguna medida todos lo hicieron en los tiempos del Antiguo Testamento), Dios levantó otro para tomar su lugar. Pero, ¿quién tomaría el lugar de Adán? Sólo uno fue capaz de anular los efectos de la caída de Adán y así llevarnos a un nuevo orden mundial. [...] La representación de Cristo como el último Adán en el Nuevo Testamento, puede ser considerada adecuada en base al Antiguo Testamento interpretado a la luz del carácter y logro de Cristo" (Bruce 1990:74).

que Jesús tiene con los humanos. La filiación de los creyentes presentada aquí es diferente a la enseñada en otros pasajes, donde éstos son llamados hijos de Dios en virtud de que recibieron a Jesús (Jn. 1:12) o por adopción (Gá 4:5; Ro. 8:5).

Debido a que los "hijos" son humanos, el Salvador también adoptó humanidad en su encarnación, y por medio de su muerte expiatoria vence al principal enemigo del hombre: el diablo o Satanás. La muerte vino como resultado del pecado de Adán y Eva al que Satanás indujo. Tal decisión produjo que el diablo llegase a formar su propio dominio para enseñorearse de la humanidad (Ef. 2:1-3: Col. 1:13).

En la sabiduría de Dios, fue a través de la muerte expiatoria de su Hijo que se logra la liberación de los humanos que estaban bajo servidumbre, debido al temor por la incertidumbre de la muerte.[33] La salvación es provista para los humanos que muestran la misma fe de Abraham (Gá 3:7, 9, 29; Ro. 4:12, 16), no para los ángeles caídos. Esto indica el grado de amor de Dios para con la humanidad en pecado.

La encarnación y sufrimientos que Cristo experimentó (especialmente el ser tentado) le hace empático con su

---

[33] "Este pasaje expresa de manera contundente cuán miserable es la vida de aquellos que temen a la muerte, ya que deben sentirla terrible, porque la miran aparte de Cristo; porque entonces no aparece en ella más que una maldición: porque ¿de dónde viene la muerte sino de la ira de Dios contra el pecado? De ahí esa esclavitud durante toda la vida, incluso la ansiedad perpetua, con la que se atormentan las almas infelices; porque a través de la consciencia del pecado, el juicio de Dios se presenta siempre a la vista. De este temor nos ha librado Cristo, que sufriendo nuestra maldición nos ha quitado lo que es terrible en la muerte. Porque, aunque ahora no estemos libres de morir, sin embargo, en la vida y en la muerte tenemos paz y seguridad, cuando tenemos a Cristo [como precursor] delante de nosotros" (Calvin 2020, ebook).

"hermanos" humanos, y le prepararon para ser un intercesor misericordioso. Pues al haber sido tentado como humano Él conoce las luchas de aquellos que son tentados.[34] Al identificar a Jesucristo como "misericordioso y fiel sumo sacerdote",[35] ya adelanta lo que será su tema principal más adelante.

El hecho que el escritor mencione el sumo sacerdocio de Jesús tempranamente en la carta, podría indicar que los

---

[34] Donald Guthrie afirma: "Al establecer las cualidades de Jesús como un sumo sacerdote empático, se hace una comparación entre sus tentaciones y las nuestras con una importante salvedad respecto de Jesús: "pero sin pecado" (Heb. 4:15). [...] La posibilidad de caer [por parte de Jesús] no se considera siquiera, pero el resultado factual de impecabilidad es afirmado. La salvedad parece hacer una distinción, sin embargo, en el paralelismo de la tentación, la empatía de entendimiento está basada en una exposición similar a la prueba. Sin embargo, el todo de esta epístola no esconde el hecho de la diferencia esencial en naturaleza entre nuestro sumo sacerdote y nosotros" (1981: 232-233).

[35] El sumo sacerdote era un personaje importante del culto mosaico o levítico. Los sacerdotes comunes ministraban cada día en el tabernáculo o en el templo, pero el sumo sacerdote además de sus tareas diarias como sacerdote llevaba a cabo una ceremonia anual: el Día de la Expiación. En esta él representaba a todo el pueblo hebreo delante de Dios. James J. Reeve agrega: "Además de sus deberes regulares como sacerdote, el sumo sacerdote debía entrar en el Lugar Santísimo en el Día de la Expiación (Levítico 16:3,15,33,34). También debía oficiar en la ceremonia de los dos machos cabríos, cuando uno era enviado al desierto a Azazel, y el otro inmolado para hacer expiación por el santuario (Éxodo 30:10; Lev. 16: 8-10). Solo él podía hacer expiación por los pecados del pueblo, de los sacerdotes y de su propia casa (Lev. 4:3ss; 9:8ss; 16:6; Nm. 15:25). Debía ofrecer la ofrenda de harina regular (Lev. 6:14, 15). Debía compartir con los sacerdotes el cuidado del candelabro que ardía continuamente (Ex. 27:21), debía ayudar a organizar los panes de la proposición (Ex. 25:30). Cuando llevaba el pectoral con los nombres de las tribus inscritos en él, actuaba como mediador entre Israel y Dios (Ex 28:29). Solo él podía consultar el Urim y Tumim ante Yahvé, y de acuerdo con su decisión, Israel debía obedecer (Nm. 27:21)" (1915: ebook).

receptores tal vez ya conocían esta enseñanza, pero la habían descuidado. Él afirma más adelante: "Acerca de esto [el sumo sacerdocio de Jesús] tenemos mucho que decir, y difícil de explicar, por cuanto os habéis hecho tardos para oír" (5:11). Ellos necesitaban recordar la explicación detallada que se dará en la carta.

III. JESUCRISTO ES SUPERIOR A MOISÉS Y A JOSUÉ (3:1-4:13)

En esta sección se demuestra la superioridad de Jesucristo sobre dos personajes reconocidos de la historia hebrea. *Moisés* tenía el gran prestigio de ser el receptor y promulgador de la ley, y *Josué* quien fue el líder que condujo a Israel para entrar en la tierra prometida, o "entrar en el reposo".

Los argumentos presentados aquí son que, aunque Moisés fue fiel en la "casa de Dios" (una manera figurada de referirse al pueblo de Dios), el Señor Jesús es el Hijo del constructor de la casa, quien es Dios. Así Jesucristo es Señor sobre el pueblo redimido y mayor que Moisés, quien fue solo un siervo.

Luego, el autor combina advertencias con enseñanzas, al indicar la dureza de corazón e incredulidad que el pueblo hebreo manifestó, la que le condujo a permanecer cuarenta años en el desierto, como juicio por su mala actitud. Se exhorta a los creyentes a evitar una actitud semejante, porque por ella no pudieron entrar al reposo de la tierra prometida.

Mediante citas de pasajes bíblicos del Antiguo Testamento, se demuestra que Jesús da a los creyentes el verdadero reposo que Josué no pudo otorgar. También se menciona un reposo diferente, relacionado con el que Dios tuvo después de terminar su creación, aplicándolo también al reposo que el creyente alcanza en Cristo.

A. Jesucristo es superior a Moisés (3:1-6)

1-2 Los creyentes son llamados "hermanos santos", continuando con la idea anterior de que ellos son considerados *hermanos* de Jesucristo e hijos de Dios. Se agrega la santidad como atributo. Ahora que se procede a repasar un episodio de la historia de Israel, al que Dios denominó "pueblo santo" (Dt. 7:6). También los creyentes reciben un "llamamiento celestial" semejante al que recibió el pueblo hebreo al salir de Egipto. El llamado recibido por lo hebreos estuvo relacionado con una tierra terrenal, pero los creyentes tienen la esperanza de una herencia celestial (12:22).

El autor usa dos títulos para referirse al Señor Jesús: "apóstol y sumo sacerdote". Sólo aquí se usan estos títulos que recalcan que Jesús fue enviado por el Padre con una misión salvadora, y que ahora ejerce como sumo sacerdote a favor de los creyentes "a la diestra de Dios" (10:12; 12:2). Jesús manifestó fidelidad en su misión salvadora, así como lo hizo Moisés en el pasado a favor del pueblo ("casa") de Dios.

3-6 Jesucristo ostenta una mayor importancia ("gloria") que Moisés, ya que éste último no fue el que constituyó el pueblo de Dios. Quien formó al pueblo y lo llamó a salir de Egipto fue Dios, Aquel que es el hacedor de "todas las cosas". Esta última frase es importante porque ya se había dicho que el Hijo "sustenta todas las cosas" (1:3). Moisés manifestó fidelidad en su papel como comunicador "de lo que se iba a decir" (la revelación de la ley y el sacerdocio levítico), pero fue solamente un siervo o mayordomo sobre la "casa" (el pueblo redimido por Dios). Zane C. Hodges comenta:

> La fidelidad de Moisés consistió en erigir [...] el tabernáculo, para que pudiera prefigurar adecuadamente el futuro orden de la actividad sacerdotal que ahora tiene como esfera propia el universo mismo. Esta es la esfera donde el Cristo exaltado se sienta fiel en todas sus ministraciones actuales, así como en las pasadas, funcionando como Hijo sobre la casa de Dios (1985: 786).

Por otro lado, Jesucristo es el Hijo sobre la casa, su dueño y Señor. Ahora se aclara el uso figurado de la palabra "casa", que se refiere al pueblo redimido por Dios, ya sea en el pasado o en el presente (3:6). El autor aclara que el ser parte de la "casa" o pueblo de Dios se conserva por medio de la perseverancia del creyente en la fe hasta el fin, y en gloriarse "en la esperanza".[36] Esta esperanza se refiere a la firmeza o seguridad de la salvación recibida por medio del Señor Jesús (6:11, 18; 7:19; 10:23).

---

[36] La *esperanza* es mencionada varias veces en la carta. Esta es un aspecto de la salvación que apunta hacia el futuro (Col. 1:5), y se menciona con frecuencia en el Nuevo Testamento (Ro. 5:2; 15:13; 1Co. 13:13; Ef 1:18; 2:12; Col. 1;23; 1P. 3:15). Como bien afirma el apóstol Pablo: "Porque en esperanza fuimos salvos; pero la esperanza que se ve, no es esperanza; porque lo que alguno ve, ¿a qué esperarlo? Pero si esperamos lo que no vemos, con paciencia lo aguardamos" (Ro. 8:24-25). La esperanza por excelencia de los creyentes es la segunda venida del Señor Jesús (Tito 2:13), con todo lo que significa ese gran acontecimiento para los creyentes. "Sabemos que cuando él [Jesús] se manifieste, seremos semejantes a él, porque le veremos tal como él es. Y todo aquel que tiene esta esperanza en él, se purifica a sí mismo, así como él es puro" (1Jn. 1:2-3). Ben Craver afirma: "Estos textos del Nuevo Testamento y muchos otros sugieren que la esperanza es de naturaleza escatológica. Mira hacia el regreso de Cristo y la presencia con Él. Mientras tanto, la esperanza da lugar a una obligación ética que produce un carácter piadoso" (2016, ebook).

Estas últimas palabras son el preámbulo para lo que será expuesto después, pues no todos los que salieron de Egipto con Moisés perseveraron en su fe, sino que por su dureza e incredulidad no alcanzaron la promesa.[37] Esto forma parte de la advertencia para que los receptores de la carta no caigan en semejante conducta.

B. Jesucristo es superior a Josué (3:7-4:13)

7-15 El autor se refiere de nuevo a un pasaje bíblico de los Salmos para indicar las consecuencias de la dureza de corazón y la incredulidad. Esto hizo que toda una generación del pueblo hebreo vagara por cuarenta años en el desierto, y no entrara en la tierra prometida.

Lo primero que llama la atención en este pasaje es que comienza diciendo: "Por lo cual, como dice el Espíritu Santo" (3:7). Es inusual que al citar un pasaje bíblico del Antiguo Testamento se diga que el Espíritu Santo está hablando a través de él. El autor ve una conexión indivisible entre las Escrituras y la persona del Espíritu que inspiró el pasaje, lo que otorga a las Escrituras una vigencia permanente para el pueblo de Dios. "El Espíritu continúa hablando a las generaciones posteriores de cristianos a través de esta Escritura, advirtiéndoles que hagan de cada día un nuevo 'hoy' en el que escuchar su voz y vivir" (Peterson 1994:

---

[37] David G. Peterson agrega: "El Hijo ahora gobierna sobre la casa de Dios. Esto incluye a todos los verdaderos creyentes desde el comienzo de la historia humana hasta el presente, todos los que son salvados o perfeccionados por la obra del Hijo. Sin embargo, las palabras hacen sonar una nota de advertencia: si es que nos aferramos a nuestra confianza y a la esperanza de la que nos gloriamos. Esto forma un puente hacia el pasaje que sigue, donde se discute la posibilidad de alejarse de Cristo" (1994: 1329).

1329).

Se cita el Salmo 95:7-11, que recuerda la actitud de endurecimiento de los hebreos que trajo como consecuencia que no entraran en el "reposo" preparado por Dios: la tierra prometida.[38] Se exhorta a los receptores a evitar una conducta semejante, más bien ellos deben animarse mutuamente, "para que ninguno de vosotros se endurezca por el engaño del pecado" (4:13).

Nuevamente se recuerda que la participación en la salvación provista por Jesucristo está condicionada a que los creyentes perseveren con una fe constante hasta el fin, y no caigan en el endurecimiento de corazón, a la manera de los hebreos antiguos.

16-19 Mediante una serie de preguntas retóricas se recalca que el haber sido parte del pueblo de Dios por algún tiempo no garantiza el favor permanente Dios. Si el beneficiario de la salvación manifiesta pecados tales como endurecimiento de corazón, incredulidad y desobediencia, no debe esperar que Dios le muestre su favor. Tal persona se ha marginado a sí misma de los beneficios de la salvación, en la cual ya no cree.

4:1-11 Este pasaje se centra de manera especial en el concepto de "reposo" (la salvación). Se les advierte a los receptores a manifestar evidencia de que han entrado en el

---

[38] "Desviarse en el corazón es la fuente y la esencia de toda desobediencia. Los israelitas comenzaron sus murmuraciones contra Dios y Moisés tempranamente (Éxodo 17), pero las repitieron constantemente. Ellos demostraron ser duros e intratables. Al final, por su incredulidad y cobardía en la misma frontera de la tierra prometida provocaron a Dios, para que los hiciera retroceder y los destruyera" (Kendrick 1889: 51).

reposo de Dios. Los hebreos que salieron de Egipto recibieron una buena nueva semejante a la del evangelio, pero el mensaje no "les aprovechó" por la carencia de fe por parte de ellos. En cambio, los que creen hoy con fe entran en el reposo (salvación) provisto por Jesucristo.

Hasta este punto se estaba haciendo un paralelo entre el reposo de la tierra prometida (al que no entraron los hebreos por su incredulidad) y la salvación provista por Jesucristo. Ahora se añade otro paralelo entre el hecho que Dios reposó en el séptimo día después de terminar su obra creadora y el reposo al que entra el creyente, en el cual descansa de sus obras (4:10).

Se enfatiza que la incredulidad y desobediencia impide entrar en el reposo de Dios. También el autor argumenta que el uso de la palabra "hoy" indica que hay una nueva oportunidad de entrar en un reposo diferente, ya que "falta que algunos entren en él" (4:6). Se procede entonces a indicar que Josué[39] no dio el reposo prometido por el salmista, ya que se habla de otra ocasión de reposo. Esto significa que hay un reposo (salvación) reservado para el pueblo de Dios que cree hoy.

Este reposo consiste en que aquel que entra en él reposa de sus obras a la manera que Dios lo hizo, indicando posiblemente la salvación por gracia, sin las obras de la ley (6:1; 9:14). Se exhorta una vez más a permanecer en tal reposo (salvación), para no caer en el "ejemplo de desobediencia" del pueblo de Israel. Se aprecia entonces dos

---

[39] "'Josué' y 'Jesús' son el mismo nombre (estas son formas adaptadas del hebreo y el griego, respectivamente, al castellano), quizá así el escritor haya intentado que el primer Josué señalará hacia su postrer homónimo" (Keener 2003: 650).

aspectos del reposo. Uno señala a una realidad presente, al no confiar en las obras para la salvación sino por la fe en Cristo. El otro apunta hacia el futuro, al reposo final en la eternidad con Dios.[40]

12-13 Se afirma que la palabra anunciada por Dios es "viva y eficaz". Semejante a una "espada" afilada (Ef. 6:17), que alcanza lo más profundo del ser humano; su "alma y espíritu", y arroja luz sobre "los pensamientos y las intenciones del corazón" de quien la oye. Lo más posible es que el autor esté recalcando el poder de las Escrituras, que ya las había asociado de manera indivisible con el Espíritu Santo (3:7). Es decir, lo que las Escrituras dicen tiene el mismo poder que la palabra hablada por Dios mismo: el Espíritu Santo.

El escritor de Hebreos se caracteriza por sus numerosas citas del Antiguo Testamento. Seguramente, se trata de invitar a los receptores a permitir que las Escrituras les iluminen sobre su condición espiritual, al dejar que su mensaje llegué a lo más profundo de su persona.[41] Se recalca que para Dios no

---

[40] Hanc Ovidiu indica correctamente: "El concepto de reposo se usa como una advertencia para la perseverancia en el reposo eterno de Dios. El texto tiene una dimensión soteriológica y otra escatológica en la referencia al eterno reposo de Dios. La forma en que alguien entra en el reposo de Dios es a través del mensaje del evangelio [presente], un reflejo de las buenas nuevas que se dieron al pueblo de Israel. [...] En el v. 10 el autor describe el acto de entrar en el reposo de Dios usando un aoristo como una acción que ya se había cumplido, mientras que en el v. 11 la exhortación a esforzarse por entrar en ese reposo se ve como una realidad en el *futuro* que se va a consumar" (2021: 47, cursivas añadidas).
[41] "El escritor no habla de separar el alma del espíritu, como tampoco habla de separar las coyunturas de los tuétanos (lo que no sería

hay nada que se pueda ocultar, ya que él lo conoce todo, y ante él los creyentes darán cuenta un día (Ro. 14:10; 2Co. 5:10). El apóstol Pablo afirma: "Toda la Escritura es inspirada por Dios, y útil para enseñar, para redargüir, para corregir, para instruir en justicia" (2Tim. 3:16). El mismo Espíritu que la inspiró habla a través de ella al creyente, para conducirle en el propósito de Dios. Esta exhortación es importante al considerar la situación de desánimo de los receptores, que les impedía avanzar en el crecimiento de su fe (12:12).

IV. JESUCRISTO TIENE UN SACERDOCIO SUPERIOR (4:14-10:39)

Esta larga sección contiene la esencia del argumento del escritor. Él demuestra que Jesucristo tiene un sacerdocio superior al levítico, y que en la obra de Cristo se cumplen en su pleno sentido todas las ceremonias relacionadas con el culto mosaico. Se dedica bastante espacio para presentar a Jesucristo como sumo sacerdote de un orden superior: según el orden de Melquisedec. También, se incluyen exhortaciones, palabras de aliento y advertencias a los receptores, ya que el desaliento que estaban experimentando los exponía al peligro de abandonar la fe que habían aceptado.

A. Jesucristo el sumo sacerdote compasivo (4:14-5:10)

14-16 Se había estado recalcando que los creyentes habían alcanzado el verdadero reposo, y que la palabra recibida debía tomarse con seriedad, considerando que Dios conoce

---

inteligible), sino de dividir, perforar el alma y el espíritu, [...] hasta su parte más íntima y espiritual" (Wickham 1910: 29).

todas las cosas. Se alienta entonces a los creyentes al recordarles que tienen a Jesús, el Hijo de Dios, como "gran sumo sacerdote" que intercede por ellos en la presencia misma de Dios, y que además es Señor del pueblo de Dios (3:1-6).

Ya se había adelantado también en la introducción que Jesús estaba a "la diestra de la Majestad en las alturas" (1:3), ahora se indica que está allí para interceder a favor de los creyentes. La intercesión de Jesucristo es compasiva porque su encarnación le ayuda a entender a los humanos en sus luchas y debilidades, pues Él fue tentado como humano sin ceder a la tentación. Se invita a los receptores a que en medio de sus luchas y tentaciones se acerquen con *confianza* a Dios, cuyo trono es "el trono de la gracia". Allí los creyentes encuentran misericordia y ayuda, y no condenación.

Este llamado es significativo considerando que el desánimo los exponía a la tentación de volver al judaísmo que habían dejado al convertirse a Cristo. Se había dicho que nada está escondido para Dios (4:13), pero Él se compadece de los que acuden a su presencia buscando ayuda en medio de sus luchas. Estas palabras de aliento son importantes, al recordarles a los judíos cristianos desanimados que tienen la accesibilidad garantizada a Dios. Él manifiesta su gracia a favor de ellos debido a que constituyó un sumo sacerdote compasivo: Jesucristo.

5:1-6 Se procede ahora a describir el oficio del sumo sacerdote meramente humano. El autor indica que el sumo sacerdote según el orden levítico es un hombre constituido por Dios "a favor de los hombres". Por lo tanto, él debe presentar "ofrendas y sacrificios por los pecados". Mostrando empatía para con aquellos que él representa ante Dios, considerando su propia debilidad. Como humano falible, el sumo sacerdote debe también ofrecer sacrificios por sus propios pecados, así como por los del pueblo. "Esto se refiere a la práctica de los sumos sacerdotes de hacer una ofrenda por el pecado por sí mismos, además de las ofrendas por el pecado por el pueblo (véase Levítico 9:7; 16:6,15-16), [...] una falla inherente en el sistema sacerdotal que Jesús superaría" (DeSilva 2006: 229).

El oficio de sumo sacerdote es otorgado por Dios, y Aaron[42] es un ejemplo de tal llamamiento. Se menciona así otro personaje histórico, para contrastarlo con la persona de Jesucristo, mostrando la superioridad del Señor Jesús. De la manera que Dios constituyó como sumo sacerdote a Aarón, Él ha constituido a Jesucristo como sumo sacerdote. La gran diferencia radica en que Jesús es el Hijo reconocido por Dios (1:5-6), y que su sumo sacerdocio pertenece a un orden superior: Jesús es sumo sacerdote según el orden de Melquisedec. El autor cita el Salmo 110:4 para indicar que este pasaje halla su cumplimiento de Jesucristo.

7-10 Se procede a dar más detalles de la manera en que Jesucristo fue declarado sumo sacerdote. El autor ya había

---

[42] El *Easton's Bible Dictionary* afirma lo siguiente respecto de Aarón: "En el monte [Sinaí], Moisés recibió instrucciones sobre el sistema de adoración que debía establecerse entre el pueblo; y de acuerdo con esto, Aarón y sus hijos fueron consagrados al oficio sacerdotal (Lev. 8; 9). Aarón, como sumo sacerdote, ocupó desde entonces el lugar prominente que correspondía a ese oficio. [...] Fue el primer sacerdote ungido. Sus descendientes, 'la casa de Aarón', constituyeron el sacerdocio en general. En el tiempo de David eran muy numerosos (1Cr. 12:27). Las otras ramas de la tribu de Leví ocupaban posiciones subordinadas en relación con el oficio sagrado" (Easton 2000: ebook).

indicado la función que las aflicciones habían cumplido en *perfeccionar* (hacer idóneo) al "autor de la salvación" (2:10) para su misión. Ahora, se recuerda el momento crucial que Jesucristo pasó en su tiempo de oración en Getsemaní, en el cual Él oró a Dios Padre con "ruegos y súplicas con gran clamor y lágrimas".

La oración de Jesús en Getsemaní reconoció que en su humanidad era difícil aceptar "la copa" de sufrimientos que vendría sobre Él. Sin embargo, aunque Dios "le podía librar de la muerte", la oración del Señor fue: "...no se haga mi voluntad, sino la tuya" (Lc 22:42). Esta oración fue escuchada por el Padre y concedida, la voluntad de Dios se cumplió en Jesús "a causa de su temor reverente" (5:7).

Este padecimiento fue ocasión para que Jesús mostrara su obediencia al plan de Dios como Hijo encarnado, algo que el autor de Hebreos ve como una experiencia de aprendizaje.[43] Esta dura aflicción le *perfeccionó*[44] (le hizo idóneo) para

---

[43] Andrew Murray indica: "Como el Hijo de Dios, venido del cielo, uno diría que no podría pensarse en que Él aprendiera la obediencia. Pero tan real fue el vaciamiento de su vida en gloria, y tan completa su entrada en todas las condiciones y semejanzas de nuestra naturaleza, que en verdad necesitó aprender a obedecer. Esto es la esencia misma de la vida de una criatura racional, del hombre, que la vida y la voluntad que ha recibido de Dios no pueden desarrollarse sin el ejercicio de un poder de autodeterminación. Se necesita la entrega voluntaria a Dios en todo lo que Él pide, incluso cuando parece un sacrificio. La criatura sólo puede alcanzar su perfección bajo una ley de crecimiento, de prueba y de desarrollo, en la superación de lo que es contrario a la voluntad de Dios y en la asimilación de lo que esa voluntad revela" (1894: 184–185).

[44] "Eso *no puede* referirse a su carácter personal, porque el Señor Jesús era absolutamente perfecto. Sus palabras, sus obras y sus caminos eran absolutamente impecables. ¿En qué sentido fue 'perfeccionado'? La respuesta es que fue en su oficio como nuestro Salvador. Él nunca habría podido llegar a ser nuestro perfecto Salvador si se hubiese quedado en el

convertirse en el Salvador de aquellos que siguen su ejemplo de obediencia. La perfección (idoneidad) de Jesús, alcanzada a través de la obediencia, le calificó para convertirse en "sumo sacerdote según el orden de Melquisedec".

Se volverá al tema del sumo sacerdocio del Señor, con más detalles, en el capítulo siete de la epístola. El ejemplo de Jesús, al decidir hacer la voluntad de Dios y no la suya, es un modelo para los receptores que están desanimados por su reciente sufrimiento. Jesucristo fue obediente a su misión y provee eterna salvación para "para todos los que le obedecen". Por lo tanto, los cristianos judíos debían mantenerse firmes en su fe imitando a su Salvador.

B. Segunda advertencia: El riesgo de caer en la apostasía (5:11-6:20)

11-14 El escritor se detiene luego de mencionar que Jesucristo es "sumo sacerdote según el orden de Melquisedec", indicando que él tiene "mucho que decir, y difícil de explicar" respecto de este tema. Sin embargo, afirma que los receptores se habían "hecho tardos para oír", es decir descuidados en profundizar su fe. Él considera que estos creyentes no han crecido en la fe, necesitan que se les enseñe las cosas básicas del evangelio. Esta condición muestra que ellos son "inexpertos en la palabra de justicia", lo que podría referirse a su poco conocimiento de las Escrituras, o a su descuido en entender las verdades entregadas en la palabra predicada a ellos. Manifiesta que la

---

cielo. Pero por medio de su encarnación, muerte, resurrección y ascensión, completó la obra necesaria para salvarnos de nuestros pecados. Ahora tiene la gloria adquirida de ser el perfecto Salvador del mundo" (MacDonald 2004: ebook).

evidencia de madurez consiste en saber discernir el bien del mal, y que tales creyentes maduros están en condiciones de profundizar en las verdades más complejas de su fe.

6:1-8 Se invita entonces a estos cristianos judíos a avanzar a la madurez, a ir más allá de las doctrinas básicas de la fe. Se mencionan varias verdades que son consideradas como fundamentales por el autor.

Comienza por el "arrepentimiento de obras muertas", esto se podría referir a no confiar ya más en las obras de la ley para ganar aceptación para con Dios (9:14). También podría referirse a arrepentirse de sus pecados.

La "fe en Dios" puede señalar a la justificación por la fe en la obra de Jesucristo, o la necesidad de perseverar en lo que se ha creído.

La "doctrina de bautismos" llama la atención porque está en plural. En el Nuevo Testamento se mencionan principalmente dos bautismos: bautismo en agua (Mt. 28:19) y el bautismo en el Espíritu Santo (Hch. 1:5). Otras menciones señalan al bautismo en el cuerpo de Cristo (1Co. 12:13) y el bautismo de sufrimientos (Marcos 10:38-39).[45]

Sorprende ver en la lista la "imposición de manos", ya que no

---

[45] George H. Guthrie plantea la idea de que estos "bautismos" podrían guardar relación con los lavamientos ceremoniales judíos. Él indica: "Es posible que esta palabra aluda a la interna purificación espiritual de los pecados que encontramos en el nuevo pacto y que se asociaba con el rito externo del bautismo. Es también posible que el autor haga referencia a los reiterados lavamientos ceremoniales que encontramos en expresiones del judaísmo del primer siglo" (2014: ebook). La idea de los lavamientos, en mi opinión, parece poco plausible, considerando que ellos nunca fueron parte de la doctrina cristiana.

es considerada por lo general como una doctrina fundamental en la iglesia. La imposición de manos se hacía para orar por los enfermos (Mr. 5:23; 6:5; 8:23, Lc. 4:40; Hch. 28:8); para que los creyentes recibieran la llenura del Espíritu Santo (Hch. 6:6; 8:17-18; 19:6); para bendecir (Mt. 19:13-15); y para comisionar para el ministerio (Hch 13:3; 1 Tim. 4:14), es difícil identificar en qué sentido el escritor está usando esta expresión, tal vez se refiera a la oración por los enfermos pues ya se mencionó el poder milagroso del Espíritu Santo (2:4).

La "resurrección de los muertos" es una doctrina ampliamente mencionada en el Nuevo Testamento; seguramente el autor se refiere a la resurrección de los muertos que han creído en Cristo, cuando él vuelva (1Ts. 4:16).

Por último, se agrega a la lista "el juicio eterno". En el Nuevo Testamento se mencionan varios juicios siendo los principales el juicio ante el "tribunal de Cristo" (2Co. 5:10), que decide el grado de recompensa del creyente; el juicio de las naciones (Mt. 25:31-46), que pareciera señalar un juicio previo al Milenio; el juicio general (Mt. 10:15; 11:22; 12:36; Hch. 24:25; Ro. 2:1-16; Heb. 9:27; 2P. 2:9) y el juicio ante el gran trono blanco (Ap. 20:11), después del Milenio. Es muy posible que el autor esté pensando en el tribunal de Cristo, o en el juicio general donde el creyente tendrá confianza en su seguridad en Jesucristo (1Jn. 4:17).

Los "rudimentos de la doctrina" mencionados aquí sin lugar a duda son elementos básicos de la fe cristiana. Sin embargo, no significa que todos los creyentes tengan un pleno entendimiento de ellos. Posiblemente, estas verdades fueron enseñadas por el autor como doctrinas básicas a esta congregación, de la cual formaba parte.[46]

Se condiciona el avance de los creyentes en madurez a que Dios lo permita, ya que por la incredulidad se podría llegar al punto en que aquel que fue creyente ya no lo sea, pues ha abandonado su fe. Esta situación pone a tal persona al margen de la salvación.[47]

Se mencionan las bendiciones que el creyente recibe, y que al renunciar a ellas se queda desprovisto de la salvación. El creyente recibe las bendiciones de ser iluminado (2 Co. 4:6); gusta del "don celestial", que podría señalar la salvación por gracia;[48] es "partícipe del Espíritu Santo", que se podría referir a la habitación del Espíritu en su vida[49] o la

---

[46] Véase cita de Victor Rhee al pie de página, en la sección "Autor" de la introducción a este comentario.

[47] "Los apóstatas son personas que oyen el evangelio, hacen una profesión de ser cristianos, se identifican con la iglesia cristiana y luego abandonan su profesión de fe, repudian a Cristo de manera decisiva, abandonan la comunión cristiana y toman su puesto con los enemigos del Señor Jesucristo. La apostasía es un pecado que pueden cometer sólo los [que fueron creyentes, pero que ahora son] incrédulos, no por los que son engañados, sino por los que, a sabiendas, voluntariosamente y de modo malicioso se vuelven contra el Señor" (MacDonald 2004: ebook).

[48] "Nos vemos obligados a entender por 'el don celestial', uno entre muchos, que podría ser la gracia de la justificación o remisión de los pecados, en la que están comprendidas toda la vida y la bienaventuranza, lo que el escritor apostólico tenía aquí en mente" (Delitzch 1874, 284-285).

[49] Delitzch comenta de manera elocuente: "Cuando un hombre ha sido divinamente iluminado y ha probado el bien supremo, la salvación en Cristo y la nueva vida de Dios, se convierte [...] en un miembro vivo del cuerpo de Cristo, que está animado por el Espíritu Santo. De ese Espíritu participa de tal manera que lleva su presencia dentro de él como una

manifestación de poder mencionada en Hebreos 2:4; disfruta de la verdad predicada en la Palabra; y recibe un anticipo de "los poderes del siglo [gr. *aion*] venidero", la era futura cuando Dios restaure todas las cosas.[50]

Se ve como una imposibilidad que aquel que ha apostatado de la fe, y ha abandonado a Cristo sea restaurado, "es imposible que los que una vez [creyeron] […] sean otra vez renovados" (6:4, 6). Esta advertencia es muy seria, y señala a aquellos que ya no tienen intención de volver a creer. Los tales no están interesados en buscar convicción de Dios para arrepentirse ni creer en la obra de Jesucristo. Se compara a estas personas con un terreno que ya no produce fruto, sino al contrario solo "espinos y abrojos". Estas son reprobadas por su incredulidad.

Este es un pasaje difícil, y debe interpretarse a la luz del resto de la Biblia que señala que Dios recibe al pecador arrepentido (Lc. 15:7), pero al mismo tiempo rechaza a los soberbios (Stgo. 4:6). El apóstol Juan lo resume así: "El que en él cree,

---

posesión permanente, un poder impulsor, una fuente activa de vida" (1874: 285).

[50] "Hebreos 6:5 habla de las 'demostraciones de poder' del *mundo futuro,* que ha experimentado ya el que una vez llegó a la fe. Este pasaje es especialmente característico. En Lc. 16:8 y asimismo en Pablo el *mundo actual* no es ya el verdadero mundo de los creyentes (cf. Flp. 3:20 y sobre todo Gal. 4:25s). En este sentido ha quedado ya suprimida la diferenciación, originalmente tan rigurosa, entre los dos eones. Porque el 'eón futuro' es ya presente para los creyentes, en la medida en que éstos no se encuentran ya presos del 'eón actual'. Esta es seguramente razón objetiva de que en Pablo no veamos que se hable del 'eón venidero'. El 'eón futuro', como tiempo y ámbito del señorío de Dios, también ha existido ya siempre para todo judío, pero no es la realidad de este mundo. Ahora bien, para los cristianos ha llegado ya a ser realidad en la actuación [obra] de Jesucristo, aunque ellos sigan viviendo aun temporalmente en 'este mundo' (Holz 2005: 136, cursivas del autor).

no es condenado; pero el que no cree [en este caso el que ha dejado de creer], ya ha sido condenado, porque no ha creído en el nombre del unigénito Hijo de Dios" (Juan 3:18). El apóstol Pedro usa un lenguaje similar, con una fuerte analogía para aquellos que abandonan la fe en Cristo:

> Ciertamente, si habiéndose ellos escapado de las contaminaciones del mundo, por el conocimiento del Señor y Salvador Jesucristo, enredándose otra vez en ellas son vencidos, su postrer estado viene a ser peor que el primero. Porque mejor les hubiera sido no haber conocido el camino de la justicia, que después de haberlo conocido, volverse atrás del santo mandamiento que les fue dado. Pero les ha acontecido lo del verdadero proverbio: El perro vuelve a su vómito, y la puerca lavada a revolcarse en el cieno (2 Pedro 2:20-22).

9-12 El autor ahora aclara que él no piensa que los receptores de la carta hayan llegado a esta situación de apostasía. No obstante, el hecho que él afirme esto, no indica que lo que ha dicho antes no se pueda aplicar en otros casos. La advertencia es válida, y no está hablando sólo de una situación hipotética improbable.

Se afirma que Dios no ha pasado por alto la fidelidad mostrada por estos creyentes en el pasado. Se menciona su "obra" y el servicio que han prestado a Dios, al haber "servido a los santos y sirviéndoles aún". Esto indica que cada servicio de amor a otros creyentes es un servicio de amor a Dios.

Con la palabra "santos" posiblemente se refiere a que estos cristianos habían previamente acogido de buena gana a predicadores itinerantes que les habían visitado. Más adelante se mencionará la hospitalidad como una virtud cristiana

(13:2) que se debe mantener vigente.

Sin embargo, se encarece que estos cristianos perseveren en esto y muestren "la misma solicitud hasta el fin" (6:11). Exhortándoles a ser *diligentes*, imitando a aquellos que les han dado ejemplo de perseverancia y paciencia, para heredar "las promesas".[51] Estos modelos que seguir pueden haber sido cristianos contemporáneos. No obstante, más adelante el autor dará muchos ejemplos de creyentes del pasado que fueron fieles, y son dignos de imitar (Hebreos 11).

Para ilustrar la fidelidad de "las promesas" de Dios, se presenta el ejemplo del patriarca hebreo Abraham. Dios para asegurar al patriarca de la firmeza del cumplimiento de la promesa dada, Él "juró por sí mismo" que no cambiaría de parecer (Gn. 22:15-18). La promesa señalaba bendición de abundancia y multiplicación, la que Abraham alcanzó a ver *parcialmente* durante su vida. Más adelante se indicará que Abraham esperaba algo mejor, él anhelaba una patria mejor, "esto es celestial" (11:16). La cual alcanzó después de su muerte.

---

[51] Tom Wright recuerda la importancia de no relajarse perezosamente en el servicio a Dios. "Desde la Reforma en el siglo XVI, a muchos cristianos se les ha enseñado, con razón, que nada de lo que podamos hacer puede ganar el favor de Dios. La gracia sigue siendo gracia; Dios nos ama porque nos ama, no porque logremos hacer algunas cosas para impresionarlo, o para anotar algunos puntos en alguna tarjeta de puntuación celestial. Pero al mismo tiempo, todo el Nuevo Testamento, desde la enseñanza de Jesús en los Evangelios, pasando por el mensaje de Pablo en sus cartas, y hasta cartas como Hebreos y Santiago, y el gran libro de Apocalipsis, insiste en que lo que los cristianos *hacen* — habiendo sido ya rescatados por el amor y la gracia de Dios, y confiando en la oración y la fe en la gracia adicional para cada paso del camino— importa mucho. Vivir como cristiano nunca es cuestión de acomodarse y 'dejar que Dios lo haga todo'" (2004: 63).

De la misma manera, tal juramento es válido también para los "herederos de la promesa", que son los creyentes que tienen la misma fe que Abraham (Gá. 3:7, 16, 29; Ro. 4:12. 16). Estas dos cosas inmutables: *promesa y juramento*, otorgan "un fortísimo consuelo" a los que han creído. Los creyentes se han aferrado a la "esperanza", que señala la seguridad perpetua de la salvación en Cristo. Tal esperanza es comparada con una "segura y firme ancla del alma",[52] asentada en la presencia misma de Dios, "dentro del velo",[53] donde el Señor Jesús fue exaltado como sumo sacerdote.

---

[52] Joseph John Murphy afirma: "Sabemos que Cristo ha entrado en lo que está dentro del velo, en el Lugar Santísimo, en el cielo mismo, [...] en su naturaleza humana como nuestro precursor. Y es el conocimiento de que Cristo ha ido así delante de nosotros al mundo eterno, para prepararnos allí un lugar, lo que nos permite echar nuestra ancla de esperanza segura y firme, más profunda que cualquier ola o corriente de cambio y azar, en el mundo inconmovible y eterno" (1883: 439).

[53] Se refiere aquí al velo o cortina que separaba el Lugar Santo del Lugar Santísimo en el tabernáculo o el templo. El culto levítico se desarrollaba en un atrio exterior con un altar de bronce y un lavacro, donde los sacerdotes ofrecían sacrificios y hacían lavamientos ceremoniales de sí mismos. El tabernáculo en sí estaba divido en dos habitaciones llamadas Lugar Santo y Lugar Santísimo. En el Lugar Santo los sacerdotes cuidaban de mantener encendido un candelabro, ofrecer pan fresco en una mesa llamada mesa de los panes de la preposición, y ofrecer incienso en un altar de oro. Solamente el sumo sacerdote entraba al Lugar Santísimo una vez al año, en el llamado "Día de la Expiación". En esa ocasión presentaba un sacrificio ante el arca del pacto por el pecado del pueblo. El Lugar Santísimo representa el lugar dónde Dios mora de manera especial, el cielo mismo, dónde Jesús intercede ahora como sumo sacerdote del nuevo pacto. James Orr añade: "El tabernáculo propiamente dicho es aquel del que se da cuenta en Éxodo 25-27; 30-31; 35-40, con detalles adicionales en Nm. 3:25ss; 4:4ss; 7:1ss. La idea central de la estructura se da en las palabras: 'Y harán un santuario para mí, y habitaré en medio de ellos' (Ex 25:8). Era la morada del santo Yahvé en medio del pueblo; también el lugar de su 'encuentro' con ellos (Ex. 25:22)" (1915; ebook).

El hecho que a Jesús se lo llama "precursor" indica que Él abrió un camino para los creyentes, ya que se había dicho que los creyentes pueden acercarse "confiadamente al trono de la gracia, para alcanzar misericordia y hallar gracia para el oportuno socorro" (4:16). Se adelanta la mención del tabernáculo o el templo, donde un velo o cortina separaba el Lugar Santo del Lugar Santísimo, algo que será tratado con detalles más adelante (10:19-20).

C. Jesucristo el sumo sacerdote según el orden de Melquisedec (7:1-28)

Ya se había mencionado varias veces previamente en la epístola que Jesús es sumo sacerdote. Ahora se argumenta el hecho que el orden sacerdotal al que Jesucristo pertenece es el orden de Melquisedec. Se hace un repaso histórico de la persona de Melquisedec, su persona, sus características únicas, y de qué manera Jesucristo se convierte en sumo sacerdote según tal orden.

1-3 La breve historia del sacerdote Melquisedec se narra en Génesis 14:18-20.

> Entonces Melquisedec, rey de Salem y sacerdote del Dios Altísimo, sacó pan y vino; y le bendijo, diciendo: Bendito sea Abram del Dios Altísimo, creador de los cielos y de la tierra; y bendito sea el Dios Altísimo, que entregó tus enemigos en tu mano. Y le dio Abram los diezmos de todo.

Abram, que aún no había cambiado su nombre a Abraham, volvía de haber rescatado a su sobrino Lot luego que este fuera llevado cautivo como botín de guerra por parte de unos reyes de algunas ciudades-estado más allá del norte de Canaán. Estos habían venido y derrotado a otros reyes locales, incluido el rey de Sodoma donde Lot residía (la historia completa se puede leer en Génesis 14:1-24). La derrota del ejército de estos reyes por parte de una pequeña milicia improvisada, que Abraham y algunos amigos suyos formaron, fue completa. Se lograron recobrar "todos los bienes, y también a Lot su pariente y sus bienes, y a las mujeres y demás gente" (Gn. 14:16).

Abraham volvió con el botín de guerra que había recuperado, que consistía en bienes y personas. Melquisedec, rey y sacerdote de Salem (Jerusalén),[54] quien no era hebreo y conocía al Dios verdadero (aunque el pasaje no indica cómo),[55] salió de la ciudad para bendecir al patriarca que volvía victorioso, y le ofrece pan y vino al recibirlo.[56]

---

[54] "Salem es una forma abreviada de Jerusalén. Aunque aparece solo cuatro veces en las Escrituras, Salem es la primera designación de la ciudad (Génesis 14:18) y, junto con Sion, identifica el lugar de la morada de Dios (Sal. 76:2). El título dado a Melquisedec, rey de Salem (Heb. 7:1), es entendido por el escritor de Hebreos como 'rey de paz' (v. 2), en su sentido de seguridad, prosperidad y bienestar" (Douglas, Tenney y Silva 2011: ebook).

[55] Hay personajes en la Biblia que conocían al verdadero y único Dios, aunque no eran hebreos. Algunos de ellos son: Melquisedec, sacerdote de Salem (Gn. 14:18-20), Jetro, suegro de Moisés y sacerdote de Madián (Éx. 18:1-12), Balaam, un profeta asalariado (Nm. 22:1-38); y Job, que conocía a Dios y le ofrecía sacrificios (1:1-5), también todos los personajes mencionados en el libro de Job manifiestan tener conocimiento de Dios en sus argumentos contra Job. Los familiares de Abraham parecieran tener también algún conocimiento del Dios verdadero (Gn. 24:15-51), aunque mezclado con idolatría (Gn. 31:19, 30: 35:2-4). ¿Cómo conocieron estas personas a Dios? La explicación puede estar en la preservación del conocimiento de Dios que algunas personas recibieron de Noé y su familia, y lo transmitieron a sus descendientes por generaciones. En el caso de Abraham, las Escrituras parecen indicar que recibió una revelación especial de Dios (Gn. 12:1-4).

[56] G. H. Lang ve un interesante paralelo en la acción de acogida de Melquisedec a Abraham: "Melquisedec trajo pan y vino para refrescar a Abram. La última noche antes de su sacrificio de sí mismo, Jesús dio pan

Abraham en retorno le entregó los diezmos[57] de los bienes que había recobrado. No se vuelve a mencionar a este misterioso personaje hasta que es nombrado de nuevo en el Salmo 110. Este salmo tiene un evidente mensaje mesiánico, donde se afirma: "Juró Jehová, y no se arrepentirá: Tú eres sacerdote para siempre según el orden de Melquisedec" (Sal. 110:4).

El autor de la epístola menciona varios hechos notables de la persona de Melquisedec: su nombre significa "rey de justicia" y "rey de paz" (el nombre Salem significa "paz"), que coinciden con la persona de Jesús; no se menciona su genealogía; su carácter misterioso, al no mencionarse su principio ni fin de vida le hace *semejante* a Jesucristo, quien es eterno;[58] el sacerdocio de Melquisedec permanece para

---

y vino al grupo fiel que se había adherido a él en las buenas y en las malas, y conectó esto con su lugar en su reino y gloria, diciendo que no volvería a beber de ese vino 'hasta que aquel día lo beba nuevo con vosotros en *el reino de mi Padre*' (Mateo 26:29, cursivas del autor)" (1959: 30).

[57] Merrill F. Unger indica: "Dar el diezmo era un reconocimiento práctico del sacerdocio divino de Melquisedec, porque el diezmo era, según la costumbre general, la ofrenda presentada a la Deidad" (1988: ebook).

[58] El escritor de la carta argumenta aquí en base a lo que *no se menciona* en el relato de Melquisedec, es decir su linaje ni su muerte, lo que él ve como una *semejanza* con Jesucristo, el Hijo eterno. F. F. Bruce comenta al respecto: "Las palabras que siguen presentan un ejemplo sobresaliente del *argumento del silencio* en un contexto tipológico. Cuando se describe a Melquisedec como sin padre ni madre, sin genealogía, y que ni tiene principios de fin de días ni fin de vida, no se sugiere que él era una anomalía biológica o un ángel en apariencia humana. Históricamente Melquisedec parece haber pertenecido a una dinastía de reyes sacerdotes en la cual él tuvo tanto predecesores como sucesores. [...] La consideración importante fue el registro dado de Melquisedec en la Sagrada Escritura; para él [escritor] los silencios de la Escritura estaban tan relacionados con la inspiración divina como lo estaban sus declaraciones" (1990: 158-159, cursivas añadidas).

siempre al no mencionarse sucesor inmediato. Así, Melquisedec se convierte en un tipo[59] profético de Jesucristo, de manera que es natural que su sucesor sea el Señor Jesús.

4-10 La importancia de Melquisedec se aprecia en el hecho que Abraham le dio los diezmos del botín. La facultad de recibir diezmos la tenían en la religión judía los sacerdotes descendientes de Leví, uno de los hijos de Jacob. Pero en el caso de Melquisedec, él recibió de Abraham los diezmos y bendijo al patriarca. Estos detalles son interpretados por el escritor como simbólicos de la superioridad de Melquisedec, ya que el más importante bendice al menos importante. Además, al dar Abraham los diezmos también los dio Leví (y sus descendientes), pues "la simiente de la cual provino ya existía en el cuerpo" (7:10, *Nueva Traducción Viviente*) de su bisabuelo Abraham.[60]

---

[59] Se le llama "tipo" a algún personaje, evento o institución del Antiguo Testamento que de alguna manera prefigura a una persona o evento en el Nuevo Testamento. Melquisedec es un tipo de Cristo porque se asemeja a Él. Tremper Longman III indica: "Un 'tipo' (del griego *typos*) puede definirse como un evento, persona o institución bíblica que sirve como ejemplo o patrón para acontecimientos, personas o instituciones en el AT posterior o en el NT. La tipología se basa en la suposición de que hay un patrón en la obra de Dios en el AT y en el NT que forma una relación de cumplimiento de promesas. En el Antiguo Testamento hay sombras de cosas que se revelarán más plenamente en el Nuevo Testamento. Por lo tanto, el Antiguo Testamento fluye hacia el Nuevo Testamento como parte de una historia continua de la historia de la salvación. Lo que se promete en el Antiguo Testamento se cumple en el Nuevo Testamento. Esto se puede lograr a través de la palabra profética o a través de la acción/evento profético. El uso de acciones/eventos proféticos para predecir o prever acciones/eventos futuros involucra tipología. La tipología es parte del esquema de cumplimiento de promesas que conecta los dos Testamentos" (2013: ebook).
[60] "Leví pagó diezmos a Melquisedec por medio de la agencia intermedia de Abraham. Esto se debió a que Abraham fue su antepasado físico, hay

11-22 El hecho que se mencionase en el Antiguo Testamento un sacerdocio diferente al levítico es evidencia de que la "perfección" (la salvación) no viene por este, sino mediante un sacerdocio diferente, según el orden de Melquisedec. Este último sacerdocio no guarda relación alguna con el sacerdocio inaugurado por Aarón.

Tal cambio de sacerdocio indica también un "cambio de ley", anticipando así lo que se argumentará después acerca de lo obsoleto del culto levítico. Evidentemente, el sacerdocio de Jesucristo no sigue el orden aarónico, pues el Señor proviene de la tribu de Judá. El hecho de que Jesús sea sumo sacerdote no guarda relación con su ascendencia sino debido al "poder de una vida indestructible" (pues Cristo vive para siempre), y al hecho que Dios lo anticipó mediante un mensaje profético: "Tú eres sacerdote para siempre, según el orden de Melquisedec" (Salmo 110:4). Philip E. Hughes indica:

> Esta importante cualidad es inherente en la afirmación del Salmo 110, que el sacerdote según el orden de Melquisedec es un sacerdote "para siempre". Donde está presente un sacerdote para siempre obviamente no hay necesidad de una ley respecto de la sucesión sacerdotal, ya que la idea de sucesión se descarta en el caso de aquel cuyo sacerdocio es para siempre (1987: 264).

Se recalca de nuevo que el cambio de sacerdocio abroga el sacerdocio y culto levítico, porque fue falible e ineficaz en perfeccionar (otorgar salvación) a los adoradores. Jesucristo

---

una unidad genuina en la humanidad. Esto también se debió a que las promesas divinas fueron dadas a Abraham, que incluían el desarrollo completo para todo Israel, incorporando plenamente a Leví. Este punto somete cualquier sacerdocio levítico al sacerdocio de Melquisedec; por lo tanto, Melquisedec es realmente superior" (Overstreet 2009: 117.

introduce una "mejor esperanza", que da acceso a Dios debido a la presencia de Jesucristo en el cielo mismo (6:20). Además, el sacerdocio de Jesucristo cuenta con el respaldo de un juramento por parte de Dios, lo que hace que su sacerdocio sea permanente e inmutable. Algo que los sacerdotes levíticos no recibieron. Todo esto convierte a Jesús en "fiador de un mejor pacto" (7:22). Más adelante se darán más detalles de este nuevo y mejor pacto en Cristo.

23-28 Se procede ahora a contrastar la superioridad del sacerdocio de Jesucristo sobre el oficio sacerdotal levítico. Primero, debido a que Cristo vive para siempre tiene un sacerdocio permanente, de manera que su ministerio intercesor no tiene fin. Por lo tanto, puede dar salvación perpetua a los que creen en Él. Algo que no sucedía con los sacerdotes levítico que eran mortales y perecederos.

Jesucristo es superior porque es absolutamente santo y fue exaltado por sobre "los cielos" (1:3: 8:1). Tampoco tiene necesidad de ofrecer sacrificios por sus propios pecados porque Él es "sin mancha", es decir impecable; por el contrario, los sacerdotes levíticos deben ofrecer sacrificios por sus propios pecados.

El Señor Jesús ofreció el sacrificio definitivo, al ofrecerse a sí mismo "una vez para siempre". La ley constituye sumos sacerdotes a humanos falibles, pero el sumo sacerdote según Melquisedec es el Hijo de Dios, "hecho perfecto para siempre". La perfección (idoneidad) del Señor Jesús como Salvador lo califica para estar siempre disponible para salvar a los que creen, pues Él es eterno.

D. Jesucristo es mediador de un mejor pacto (8:1-13)

1-5 Se afirma que el punto principal de la exposición es indicar que Jesucristo es el sumo sacerdote superior, que fue exaltado a la diestra de Dios, y que es ministro del verdadero tabernáculo en el cielo. Los sacerdotes humanos presentan sacrificios en el templo, el cual es una "figura y sombra de las cosas celestiales" (es decir símbolos proféticos o tipos)[61] no la realidad misma donde Jesús ministra ahora, en la presencia de Dios en el cielo.

El ministerio de Jesucristo es realizado "a la diestra del trono" (8:1), donde accedió mediante su propio sacrificio "una vez para siempre" (7:27). El modelo que se le dio a Moisés es solo una figura de lo que vendría, pero la obra de Cristo es superior al ministrar en el cielo, que en el tabernáculo estaba representado o prefigurado por el Lugar Santísimo.

6-13 La discusión se centra ahora en el concepto de un nuevo o "mejor pacto". Mediante el uso de un pasaje de las Escrituras escrito por el profeta Jeremías (Jer. 31:31-34). Se argumenta que Jesucristo es mediador de un pacto mejor, "establecido sobre mejores promesas".

El hecho que las Escrituras mencionen un pacto nuevo es evidencia de que el primer pacto era defectuoso. La profecía

---

[61] "El uso de eventos históricos anteriores para ilustrar acciones paralelas de Dios en la historia de la salvación, que implican un mayor cumplimiento, fue practicado por los profetas en la literatura del Antiguo Testamento. [...] Por lo tanto, si el uso de tipos tiene su origen en el Antiguo Testamento, y específicamente en la literatura profética. Los escritores del Nuevo Testamento vinculan su enfoque de las Escrituras con el de los profetas. Esto es importante para comprender el grado de continuidad entre los profetas del Antiguo Testamento y los escritores del Nuevo Testamento al tratar con la revelación pasada" (Gallardo 1990: 68).

de Jeremías describe las características del nuevo pacto, que
Dios anuncia que vendría con promesas mejores. Se indica
que tal pacto es diferente del pacto hecho por Dios con el
pueblo en Sinaí, después de salir de Egipto. La razón del
nuevo pacto es la infidelidad del pueblo israelita al primer
pacto. En el nuevo pacto las leyes no estarán escritas en
piedra sino en las mentes y corazones del pueblo.

En este pacto Dios renueva su disposición de aceptar al
pueblo como suyo. Los creyentes conocerán a Dios de una
manera que va más allá de enseñanzas conceptuales, para ser
una experiencia personal. Tal conocimiento será de una
disponibilidad universal, y Dios proveerá propiciación por las
injusticias y pecados. La profecía de un nuevo pacto da por
hecho que el primer pacto pierde vigencia y queda obsoleto.

E. El culto levítico no es necesario ahora que ya vino Cristo (9:1-10:18)

1-5 Se especifica el culto levítico original en el tabernáculo,
describiendo el mobiliario del Lugar Santo y del Lugar
Santísimo. Se indica que en el Lugar Santo estaban el
candelabro y la mesa con los panes de la proposición. El
Lugar Santísimo estaba separado por un velo, y en este lugar
estaba un "incensario" y el "arca del pacto".

Si el incensario se refiere al altar de oro donde se ofrecía
incienso, el autor parece ubicarlo dentro del Lugar Santísimo,
lo que genera una diferencia con la disposición narrada en el
Antiguo Testamento, donde el altar de incienso se situaba en
el Lugar Santo (Ex. 40:26-27).[62] Algunos comentaristas

---

[62] Donald Guthrie explica así el pasaje: "Se puede observar que el escritor
no dice 'en el cual está el altar de oro del incienso' según el estilo del

indican que la palabra "incensario" se refiere a un incensario que el sumo sacerdote cargaba en su mano al entrar en el Lugar Santísimo el Día de la Expiación (Lev. 16:12-13) y no al altar de incienso.[63]

Quizás en esta ceremonia, al abrir el velo o cortina que separaba el Lugar Santo del Lugar Santísimo, el altar de incienso ubicado frente al arca del pacto pasaba a formar parte temporalmente del santuario interior. "El altar de oro, aunque no estaba en el Lugar Santísimo, su ministerio

---

versículo 2. Debe haber tenido buenas razones para marcar la diferencia. Se ha sugerido que el participio que tenía (gr. *echousa*) se entiende en el sentido de 'pertenecer a' en lugar de 'estar dentro', ya que el altar del incienso, por así decirlo, bloqueaba la entrada al lugar santísimo y en ese sentido podría decirse que le pertenecía. Esto está respaldado por el hecho de que el altar estaba colocado de tal manera que se suponía que el humo del incienso encendido penetraría la cortina y se elevaría a Dios ante el arca del pacto. Sin embargo, dado que el mismo participio también sirve para el arca, que estaba definitivamente dentro del lugar santísimo, la explicación anterior no está exenta de alguna dificultad. Sin embargo, es la más razonable. Claramente hay un vínculo estrecho entre el altar del incienso y el lugar santísimo" (1983: ebook). "Quizás la razón más significativa por la que el altar del incienso se sitúa en el Lugar Santísimo en Hebreos 9:3-4 es que el ministerio del incienso de este altar estaba singularmente asociado con ese santuario interior. El humo del incienso de este altar se abría paso hacia el santuario interior, hacia la presencia de Yahveh" (Camacho 1986: 9).

[63] George Junkin opina lo siguiente: "¿Dónde se guardó este incensario de oro?, no se nos informa; no más de lo que sabemos sobre dónde se guardaban las cucharas y platos, y despabiladeras, etc. Tampoco es una dificultad la omisión del altar del incienso; porque, como se dijo antes, el objeto es ilustrar los deberes del oficio del Sumo Sacerdote. De manera que la quema de incienso por la mañana y por la noche no era un deber especial del Sumo Sacerdote; pero esto de ministrar dentro del segundo velo sí lo era. Por lo tanto, se dice que el incensario que se usa en estas ocasiones anualmente pertenece al lugar santísimo: lo cual es así; lo que no implica necesariamente que haya sido guardado en el Lugar Santísimo" (1873: 315-316).

pertenecía al Lugar Santísimo. ¿De qué manera? En el Día de la Expiación anual, el sumo sacerdote usaba brasas de este altar para quemar incienso ante el propiciatorio dentro del velo (Levítico 16:12–14). Moisés (Éxodo 40:5) relaciona el altar de oro con el arca del pacto, y también lo hace el autor de 1 Reyes (1 Reyes 6:22)" (Wiersbe 1996: 309, cursivas del autor).

También, se dice que el arca del pacto, situada en el Lugar Santísimo, contenía tres objetos: un contenedor con una muestra del maná, la vara de Aarón que reverdeció[64] y las tablas de la ley. El arca tenía una tapa llamada propiciatorio (gr. *hilasterion*), con dos querubines extendiendo sus alas, donde el sumo sacerdote salpicaba la sangre de la expiación en el día señalado (Lev. 16:15). En Romanos 3:21-26, el apóstol Pablo usa el propiciatorio como símbolo de Cristo, en quien Dios provee la redención. El apóstol Juan usa la palabra con el mismo sentido (1Jn. 2:2; 4:10).

Nuevamente encontramos aquí algunas afirmaciones que difieren del registro del Antiguo Testamento, ya que sitúa *dentro* del arca la muestra de maná y la vara de Aarón. "En el Pentateuco, el único contenido del arca son las tablas de la ley (Éxo. 25:21; Deut. 10:5); la urna del maná y la vara de

---

[64] En Números 16-17 se narra una rebelión contra Moisés y Aarón dirigida por un levita llamado Coré y otros líderes de la tribu de Rubén, que deseaban imponer un sacerdocio diferente. Luego de un juicio inmediato que vino sobre los conspiradores, Dios mandó a Moisés que representantes de todas las tribus presentaran una vara y las pusieran ante Él en el Lugar Santísimo del tabernáculo. La vara, ya seca, presentada por Aarón reverdeció milagrosamente durante la noche, al punto de dar fruto. Este milagro confirmó a la familia de Aarón en el sacerdocio como testimonio, para que así cesaran las quejas de los líderes hebreos.

Aarón estaban delante de ella (Núm. 17:10; Éxo. 16:33, 34). Es probable que el autor de Hebreos conocía una tradición que colocaba estas dentro del arca. Los rabíes tardíos mencionan la misma tradición" (Boyd 2005: 99).

6-10 El hecho de que los sacerdotes ministraran cada día en el Lugar Santo, y que el sumo sacerdote ingresara al Lugar Santísimo solamente una vez al año, se ve como un símbolo de que aún no se había provisto pleno acceso al Lugar Santísimo (figura de la presencia de Dios en el cielo), mientras los sacerdotes siguieran ministrando en el Lugar Santo.

Esto lo da a entender el Espíritu Santo, posiblemente aludiendo a que el registro bíblico es palabra de Él (4:7; 4:12: 10:15), o que el Espíritu está revelando esta verdad en el evangelio. Esto porque "ofrendas y sacrificios" no pueden producir un cambio en la conciencia del practicante.

Se mencionan también otras acciones que se asocian con el culto levítico, tales como comidas, bebidas y lavamientos y ordenanzas. No hay certeza sobre la naturaleza de estas actividades, las "comidas" podrían referirse a las porciones de los animales sacrificados que recibían los sacerdotes, y que eran preparadas como comida para ellos y sus familias (Lev. 7-14: 10:14); los lavamientos ceremoniales pueden señalar a los que hacían los sacerdotes en la fuente del tabernáculo antes de ministrar (Ex. 30:18; 40:30); las "ordenanzas" puede referirse a la manera en que se debían hacer los sacrificios y ofrendas. Otra posible interpretación es que el escritor esté hablando de las disposiciones de la ley acerca de los alimentos que debían comer los hebreos (Lev. 11: 1-47; 20:25) como parte de su religión, las purificaciones con lavamientos (Lev. 15:1- 30) y ordenanzas relacionadas con el cuerpo en general.

Lo que sí se recalca es que sólo consisten en procedimiento ritualistas que serían abolidos cuando llegase "el tiempo de reformar las cosas" (es decir el acceso a Dios por la obra expiatoria de Jesús) a través del nuevo pacto. Tal momento ya ha llegado debido a que está ya "presente Cristo, sumo sacerdote de los bienes venideros" (9:11).

11-14 Ahora Cristo, el sumo sacerdote del nuevo pacto (ministrando en el tabernáculo celestial que el terrenal prefiguraba) por su propia muerte expiatoria, no mediante sacrificios de animales, entró en el verdadero Lugar Santísimo en el cielo "una vez y para siempre", para proveer "eterna redención".

Los sacrificios de animales bajo el primer pacto cumplieron un papel ceremonial para obtener purificación por cualquier contaminación. Sin embargo, a través de la obra expiatoria de Jesús que se ofreció "a sí mismo" como sacrificio perfecto, sostenido por el poder del Espíritu Santo, los creyentes reciben limpieza de sus conciencias, para servir a Dios libres de una conciencia culpable.[65]

---

[65] David G. Peterson indica: "La sangre de Cristo es lo suficientemente poderosa como para *limpiar nuestras conciencias de actos que conducen a la muerte*. Dios requiere arrepentimiento de tales actos (6:1, lit. 'obras muertas'), pecados que contaminan la conciencia y traen su juicio. Pero aquellos que se arrepienten necesitan ser limpiados de tal contaminación y solo la muerte de Jesús puede hacer esto (*cf.* 9:9 con 9:14). El propósito de la purificación en el Antiguo Testamento era que el pueblo pudiera ser consagrado nuevamente al servicio de Dios. La promesa del nuevo pacto de un 'corazón' renovado, basado en un perdón decisivo de los pecados (Jer. 31:33-34), se repite en el versículo

15-22 En este pasaje el autor de la epístola hace uso de la palabra griega *diatheke* en dos sentidos, con el significado de "testamento" y con el sentido de "pacto". Cristo. Como mediador del nuevo pacto (gr. *diatheke*), por su propia muerte Jesús logró perdón de pecados con efecto retroactivo para los creyentes piadosos "bajo el primer pacto [la ley]". Estos pueden entonces pueden recibir "la herencia eterna" (la salvación), de la misma manera que los que creen en Cristo bajo el nuevo pacto.

Esta afirmación indica claramente que todos los salvados a través de la historia lo son a través de la obra expiatoria de Jesucristo. Los creyentes piadosos del Antiguo Testamento son beneficiados por la obra de Cristo prometida bajo el primer pacto. "El enfoque está en redimir a aquellos que pecaron *bajo el primer pacto*, como se prometió en Je. 31:31-32. De hecho, el sacrificio de Jesús es retrospectivo en su efecto, y es válido para todos los que confiaron en Dios para el perdón de sus pecados en el antiguo Israel (*cf.* 11:40)" (Peterson 1994: 1341, cursivas del autor).

Usando ahora la palabra griega *diatheke* en el sentido de "testamento" se argumenta que los beneficios de un testamento se reciben cuando el testador fallece, y con la muerte se confirma la herencia. Así los creyentes reciben el beneficio de la "herencia eterna" al morir Cristo por ellos.

El nuevo pacto, de la misma manera que el primero, cuenta con un sacrificio expiatorio (la muerte de Cristo). En el

---

14. Solo la limpieza provista por Cristo puede liberarnos para servir al *Dios vivo* de la manera que Jeremías predijo. La naturaleza de este 'servicio' o 'adoración' (gr. *latreuein*) se discutirá en relación con 12:28" (1994: 1341).

primer pacto fueron los sacrificios de animales los que confirmaron su promulgación, pues la remisión de pecados demandaba tales sacrificios en ese sistema. Se dan detalles de lo que Moisés hizo cuando se promulgó la ley, recalcando la importancia de los sacrificios expiatorios de animales en el pacto antiguo.

23-28 El primer pacto fue inaugurado de una manera impresionante, aunque estas ceremonias eran solo "figuras" o tipos de lo verdadero que vendría en Cristo. Fue necesario que fuese así, para que quedara clara la enseñanza de purificación o salvación a través de un sacrificio.

La obra de Cristo no se realizó a través del santuario terrenal, sino que Cristo entró en el cielo mismo (que el Lugar Santísimo simbolizaba) a favor nuestro, como sumo sacerdote. Lo hizo mediante su propia muerte expiatoria "en la consumación de los siglos"[66] y "una vez y para siempre" (a diferencias de los sacrificios levíticos que el sumo sacerdote presentaba cada año en el Día de la Expiación). Su vida fue ofrecida en sacrificio para que los creyentes recibiesen perdón de pecados.

Se hace un paralelo entre la muerte de una persona humana, la cual muere "una sola vez" y espera luego el juicio, y el hecho que Cristo se ofreció a sí mismo para expiar los pecados de los creyentes "una sola vez". Esto para indicar el carácter inapelable de ambos sucesos. Se indica que Cristo volverá un día, ya no para expiar el pecado sino para salvar

---

[66] Esta idea se asemeja a lo dicho por el apóstol Pablo: "Pero cuando vino el cumplimiento del tiempo, Dios envió a su Hijo, nacido de mujer y nacido bajo la ley, para que redimiese a los que estaban bajo la ley, a fin de que recibiésemos la adopción de hijos" (Gá. 4:4).

plenamente, al resucitar y transformar (1 Corintios 15:51-52; 1Ts. 4:13-18) a los que han puesto su fe en Él.

10: 1-10 Se sigue recalcando que la ley o el culto levítico no son la realidad, sino solo símbolos (el cielo es la realidad, donde Cristo ministra), y como tales no salvan a los que lo observan. Esto porque ellos siguen teniendo "conciencia de pecado". Cada año se hacen memoria de los pecados del pueblo ya que los sacrificios de animales no quitan el pecado.

El autor cita el Salmo 40:6-8 para indicar que debido a que los "holocaustos y expiaciones" levíticos no eran la voluntad última de Dios (véase Gálatas 3:23-24), el Hijo viene para dar la solución definitiva. Cumpliendo así el propósito de establecer el perdón mediante un solo sacrificio expiatorio. Quitando con ello el sistema de sacrificios levíticos y estableciendo un nuevo pacto según la voluntad de Dios. De acuerdo con tal voluntad, los creyentes son "santificados" (salvados) mediante la obra expiatoria de Jesucristo.[67]

11-18 Se reitera que los sacrificios ofrecidos en el culto levítico no pueden quitar los pecados porque tienen que ofrecerse cada día, pero Cristo quitó los pecados para siempre con un solo sacrificio, y ministra a la diestra de Dios (como sumo sacerdote), esperando un día en que reine con sus enemigos sometidos a sus pies (1:13; Hch. 2:35; 1Co. 15:24-25). Una sola ofrenda de sacrificio logró la plena salvación de

---

[67] "El autor entiende que el Antiguo Pacto se cumplió en el Nuevo Pacto y el evento de Cristo, y las Escrituras del Antiguo Pacto se cumplieron en la era del Nuevo Pacto. Además, para el escritor, es imposible comprender o apreciar plenamente el significado de las realidades espirituales del Nuevo Pacto —el evento de Cristo o la relación entre Dios y su pueblo en el Nuevo Pacto— aparte de sus prefiguraciones concretas en la Escritura" (Stanley 1995: 206).

los que creen.

Se cita nuevamente de Jeremías 31:33-34, donde se afirma que el Espíritu Santo habla, dando testimonio del nuevo pacto, en el cual se evidencia la obra interna en el creyente y el perdón definitivo de los pecados.

F. Tercera exhortación: Un llamado a la perseverancia en la fe (10:19-39)

19-25 Se inserta una exhortación más, considerando lo que ya se ha expuesto acerca del Señor Jesús. El escritor comienza con palabras de aliento, se les recuerda a los receptores que tienen libertad para acceder a la presencia misma de Dios debido a la obra expiatoria de Jesucristo, pues con ella Él proveyó el "camino nuevo y vivo" al Padre.[68] También los creyentes cuentan con la bendición de que Jesús como sumo sacerdote está a favor de su pueblo "sobre la casa de Dios" (3:6).

Por lo tanto, se les invita a acercarse a Dios con sinceridad, sin incertidumbre. Se usa el lenguaje de las ceremonias levíticas "purificados" y "lavados" para recalcar la condición de pureza espiritual que debe manifestar el creyente al acercarse a Dios. Se les exhorta a los receptores mantenerse

---

[68] "El autor establece además una analogía, que ha sido objeto de abundante discusión entre los comentaristas, entre esta cortina [velo] y el 'cuerpo' [carne] de Cristo. Las mejores interpretaciones consideran que 'su cuerpo' se refiere a la muerte sacrificial de Jesús. La frase en su totalidad repite entonces una aseveración principal relativa al efecto de su muerte: el sacrificio del sacerdote del nuevo pacto ha hecho posible nuestra entrada a la presencia de Dios. Así como el sacerdote del antiguo pacto tenía que atravesar la cortina, el pueblo del nuevo pacto de Dios entra en su presencia por medio de la muerte sacrificial de Cristo" (Guthrie 2014: ebook).

fieles en la profesión de su fe ("esperanza"), ya que tienen promesas firmes dadas por Dios, también se recalca que ellos deben motivarse al amor mutuo y "las buenas obras" entre sí. Tal vez esto indica que los receptores no estaban manifestando interés en las necesidades de otros compañeros creyentes. Algunos desanimados estaban dejando de congregarse, y se les llama a volver a la comunión de la iglesia. Todo esto en virtud de que "aquel día se acerca", lo que parece evidenciar la convicción del autor de que Jesucristo volvería mientras ellos aun vivían (cercanía escatológica).

26-29 En estos versículos se entrega una seria advertencia sobre las consecuencias de apartarse de la fe en Cristo. La expresión "pecáremos voluntariamente (gr. *hekousios*, 'obstinadamente')" no se refiere a cualquier pecado ocasional del creyente sino al pecado de *apostasía*, es decir renunciar a lo que se ha creído.

El hecho es que sólo la obra expiatoria de Cristo puede salvar, fuera de ella no hay sacrificio alguno que pueda limpiar de pecados. Al apóstata sólo le espera la condenación, pues ha retornado a su condición anterior de enemigo de Dios. "Porque si siendo enemigos, fuimos reconciliados con Dios por la muerte de su Hijo…" (Ro. 5:10).

> Aquí […] se refiere a aquellos que, habiendo confesado a Cristo como su Salvador y Señor, vuelven la espalda a esa profesión de fe y repudian el sacrificio expiatorio que Cristo hizo una vez y para siempre. Para tales personas 'ya no queda más sacrificio por los pecados'; ellas se han desvinculado voluntariamente del único medio de perdón y reconciliación" (Hughes 1990: 419).

La ley condenaba severamente a los transgresores, y los creyentes no debían suponer que la renuncia a su fe en Cristo quedaría impune. Se mencionan tres pecados que el apóstata comete y que acarrean el juicio de Dios: a) se ultraja al Hijo de Dios; b) se declara ineficaz la obra expiatoria por la que fue salvado; y c) se afrenta al Espíritu Santo al despreciar la gracia que recibió, al ser iluminado y convencido por éste de pecado. La persona apóstata se pone voluntariamente bajo el juicio de Dios, y no queda otra cosa para ella que condenación por parte de Dios (Jn. 3:18). "¡Horrenda cosa es caer en manos del Dios vivo!" (10:31).

De la misma manera que lo había hecho en la segunda exhortación, el autor alienta a los creyentes recordándoles los días en que habían sufrido persecución por causa de su fe. La actitud que ellos habían mostrado entonces fue de perseverancia, aunque sufrieron mucho por su fe en Cristo.

Se mencionan los sufrimientos que pasaron los creyentes: "padecimientos"; "vituperios y tribulaciones" públicos; algunos fueron puestos en la cárcel y los demás creyentes no se olvidaron de ellos; fueron privados de sus bienes y lo afrontaron, con la convicción de que estos eran temporales, pues su verdadera herencia estaba en el cielo.

Considerando estos hechos, se les invita a no perder la "confianza", que seguramente se refiere a su fe en las promesas de Dios. Se les pide paciencia, pues al mantenerse en la voluntad de Dios recibirán lo prometido. Mediante citas bíblicas parafraseadas de Isaías 26:20-21 y Habacuc 2:3-4, se anima a los recipientes a perseverar en su fe, pues "el justo vivirá por fe", y el retroceder desagrada a Dios.[69]

Aunque el autor había dado una severa advertencia, confía que los creyentes no forman parte de los apóstatas, y no retrocederán para perderse, sino que mantendrán su fe en Cristo, "nosotros no somos de los que retroceden". Estas últimas palabras, acerca de perseverar en la fe, preparan el tema de lo que vendrá más adelante en la epístola.

V. LA VERDADERA FE PERSEVERA (11:1-12:29)

En esta sección se recuerda a personajes del Antiguo Testamento que perseveraron en su fe en Dios a pesar de las circunstancias. Tales ejemplos sirven como testimonios para que los creyentes perseveren en su fe. El ejemplo de Jesús "el autor y consumador de la fe" sobresale como el modelo supremo. El autor de la epístola ve las circunstancias difíciles como evidencia de la disciplina que Dios ejerce sobre sus hijos. Esta sección termina con más exhortaciones a perseverar mediante el ejemplo negativo de Esaú, haciendo un contraste entre la promulgación del pacto de la ley y el nuevo pacto, e invitando a los receptores a no despreciar la

---

[69] George H. Guthrie comenta al respecto: "El texto de Isaías contiene claras alusiones al fin del tiempo, ya que habla de la resurrección y del juicio de todos,15 y por eso lo ha adoptado nuestro autor para hablar de la Segunda Venida de Cristo. El pasaje de Habacuc también se presta para la aplicación de ese acontecimiento escatológico, ya que habla del fin. Originalmente, esa profecía se refería a la destrucción de Israel por obra de los caldeos. El Señor le da al profeta instrucciones de escribir la revelación en unas tablillas y le asegura que, aunque el cumplimiento se demore, es seguro que llegará a su debido tiempo. Habacuc prosigue luego con un contraste entre la persona insolente, que no tiene un alma recta, y el justo, que vive por su fe (Hab 2:4)" (2014: ebook).

palabra de Dios que se les predicó.

A. Ejemplos bíblicos de la fe (11:1-34)

11:1-3 La descripción de fe dada por el autor ayuda para entender qué aspecto de esta se aplica a cada personaje mencionado. Se identifica la fe como: "La certeza de lo que se espera, la convicción de lo que no se ve". En los casos mencionados a continuación, algunos personajes tuvieron fe para *esperar* lo prometido, y en otros ellos estaban convencidos de lo prometido, aunque no lo *vieran*. Personas del pasado, fieles a Dios, sirven como testimonio, especialmente para los desanimados creyentes receptores de la carta. Se necesita fe para creer que la palabra de Dios creó el universo, ya que este fue creado de "lo que no se veía".

4-7 Se mencionan a continuación tres personajes antediluvianos que perseveraron en su fe, Abel, Enoc y Noé. El sacrificio de Abel fue aceptado por Dios, no así el de su hermano Caín. El apóstol Juan indica que la razón de la no aceptación de Caín fue porque "sus obras eran malas" (1Jn 1:32). El hecho de que matase a su hermano Abel, a pesar de la advertencia de Dios (Gn. 4:6-7), muestra que su carácter era perverso, y esto afectó su ofrenda presentada previamente. En las ofrendas y sacrificios, Dios evaluaba no solo lo presentado, sino el carácter de quien lo ofrecía. Se indica que Abel, al ser aceptado por Dios con sus ofrendas, dio testimonio de que era una persona piadosa. Su muerte aun "habla" de su fe, ya que él fue asesinado por ser fiel a Dios. Tal vez Abel muestra en su fe "la certeza de lo que se espera", pues con fe presentó su sacrificio con la certidumbre de que sería aceptado. El ejemplo de Abel debe alentar a los receptores a vivir piadosamente, y buscar agradar a Dios.

Enoc es mencionado como quien "agradó a Dios" por su fe, y Dios decidió llevarlo a su lado sin experimentar la muerte normal. Este ejemplo da ocasión para recalcar que la fe es imprescindible para "agradar a Dios", la fe permite creer en Dios aunque Él es invisible ("no se ve"). El ejemplo de Enoc indica que Dios premia a aquellos que buscan tener comunión con Él. Es difícil determinar qué aspecto de la definición de fe calza con Enoc, tal vez es "la convicción de lo que no se ve", ya que no se menciona que haya tenido alguna revelación visual de Dios. El ejemplo de Enoc recuerda a los receptores que deben buscar antes que todo *agradar a Dios*, y esperar recompensa por procurar su comunión. Tal recompensa no se debe esperar como algo recibido necesariamente en este mundo, pues la principal recompensa es estar con Dios en el cielo eternamente.

Se menciona luego a Noé, él siguió las instrucciones de Dios al construir un arca en la cual él y su familia fueron librados del juicio del diluvio. Su fe trajo salvación para él y su familia, pero condenación para los incrédulos. Algo notable que se menciona aquí es que Noé fue justificado debido a su fe (11:7), algo que se menciona en la Epístola a los Romanos respecto de Abraham (Ro. 4:3). El aspecto de la fe elogiado aquí es que él creyó "cosas que aún no se veían", su fe fue "la convicción de lo que no se ve". Nunca había visto Noé un diluvio catastrófico, pero creyó a Dios. El ejemplo de Noé alienta a los creyentes a perseverar en la fe que hace que Dios declare justos a los que creen en Jesús, y a servir a Dios con reverencia.

8-17 Estos versículos tratan de la fe de los patriarcas hebreos. Dios llamó a Abraham a dejar a sus parientes para viajar a una tierra desconocida para él, "salió sin saber a dónde iba".

Él nunca tomó posesión de la tierra que Dios le prometió, y no se aferró a ver la promesa cumplida ante sus propios ojos. Este hecho es interpretado por el autor de la carta como evidencia de que Abraham esperaba algo mejor, "la ciudad que tiene fundamentos, cuyo arquitecto y constructor es Dios", que seguramente señala a la nueva Jerusalén en el cielo (12:22).

Se menciona a Sara como quien tuvo la fe de "la certeza de lo que se espera", al creer la promesa de un hijo propio. La fe de Abraham y Sara produjo un cumplimiento asombroso de la promesa acerca de su descendencia. Los patriarcas murieron sin ver el cumplimiento de la promesa de poseer la tierra de Canaán durante sus vidas, sino que estuvieron como "extranjeros y peregrinos sobre la tierra" (véase 1P. 2:11). Tampoco cedieron a la tentación de volver con sus parientes que habían dejado atrás ("tenían tiempo de volver"), pues esperaban una patria celestial. Por lo tanto, Dios les ha preparado una ciudad (12:22).

Se menciona la dura prueba de Abraham en que se le pide que sacrifique su hijo, indicando que la fe de Abraham fue tal que no temió ofrecer a su hijo, porque confiaba en que Dios podía resucitarlo de los muertos ("pensando que Dios es poderoso para levantar aun de entre los Muertos"). De hecho, en Génesis se dice que Abraham confiaba en que su hijo volvería del monte con vida. "Entonces dijo Abraham a sus siervos: Esperad aquí con el asno, y yo y el muchacho iremos hasta allí y adoraremos, y *volveremos* a vosotros" (Gn. 22:5, cursivas añadidas).

Esta historia era un recordatorio para los receptores de que ellos también eran "extranjeros y peregrinos", y que debían seguir confiando en las promesas de Dios, esperando algo mejor que las cosas temporales de este mundo, pues Dios también ha preparado para ellos una ciudad celestial (12:22; 13:14).

Se menciona también que Isaac bendijo a sus hijos "respecto de cosas venideras", y lo mismo hizo Jacob. José creyó que los hebreos volverían un día a la tierra prometida a los patriarcas, y pidió que llevaran sus restos mortales de vuelta a la tierra que lo vio nacer. Los ejemplos de los patriarcas ilustran el aspecto de la fe acerca de "la certeza de lo que se espera". Esta certidumbre tiene su paralelo en la esperanza que les ha sido dada a los creyentes, quienes no deben poner su mirada en las cosas de este mundo sino en la promesa de Dios.

23-32 Se recuerda ahora la vida de Moisés y la entrada del pueblo en la tierra prometida. Los padres de Moisés mostraron su fe al obedecer a Dios antes que "el decreto de Faraón", y libraron a su hijo de la muerte. Al indicar que él era "niño hermoso", el autor puede estar recordando tradiciones judías que exaltaban este aspecto.[70] Más adelante, Moisés prefiere renunciar a su posición privilegiada como miembro de la familia real egipcia, y se identifica con su pueblo hebreo. Es posible que los "deleites temporales del pecado"[71] se refieran a la vida pagana idólatra e inmoral de los egipcios, llena de tentaciones para personas en posiciones

---

[70] Craig S. Keener indica: "Muchos escritores judíos ampliaban la historia del nacimiento de Moisés, especialmente su belleza, incluyendo reportes de que su gloria iluminaba el cuarto al momento de su nacimiento y cosas por el estilo" (2003: 669).

[71] Esto podría referirse a pecados tales como la fornicación y el adulterio, que son mencionados más adelante (12:16; 13:4), los cuales parecen haber sido tentaciones que enfrentaban los receptores.

de poder. Él consideró de mayor valor la vida de sacrificio que significaba dejar la corte real, pues su vista estaba en la recompensa de Dios. La mención de "el vituperio de Cristo" en relación con la renuncia de Moisés, puede indicar que Moisés vivió una experiencia similar a las humillaciones que sufriría posteriormente el Señor Jesús, aunque no estuviese consciente de ello en ese momento. "Como este capítulo muestra tan claramente, para el hombre de fe la senda de la obediencia es también el camino del sufrimiento, y al elegir este camino Moisés se estaba ajustando al modelo que iba a tener su perfecta ejemplificación en la obediencia y el sufrimiento de aquel que, en un sentido único y último, es el Ungido de Dios (cf. Heb. 2:10)" (Hughes 1990, ebook).

Cuando se menciona que Moisés "dejó a Egipto" podría referirse a su huida al desierto y posterior refugio en Madián. Si el autor está siguiendo un orden cronológico entonces su salida coincidiría con ese acontecimiento. Otra posibilidad sería que se refiera a su salida con el pueblo luego de que Faraón permitiera al pueblo dejar Egipto. Se dice que Moisés "se sostuvo como viendo al Invisible", lo que señala el segundo aspecto de la definición de fe, "la convicción de lo que no se ve". La fe como "certeza de lo que se espera" se mostró en Moisés al celebrar la Pascua, confiando en que Dios no visitaría con muerte las casas de los hebreos, debido a que la sangre del cordero pascual estaba en "en el dintel y en los dos postes" (Éx. 12:23) de las puertas. Los hebreos creyeron a Dios y tuvieron fe en que el mar no los arrastraría, pasando en medio de las aguas, con la "certeza" de que lograrían cruzar al otro lado.

La "certeza de lo que se espera" fue mostrada de nuevo por los hebreos al rodear la ciudad de Jericó durante siete días, esperando que los muros cayeran como les fue prometido por Dios. Rahab, una residente de Jericó, mostró la misma fe al creer que Dios entregaría la ciudad en manos de los hebreos, y ocultó a los espías enviados. Estos ejemplos son un recordatorio para los creyentes receptores de que no amasen las cosas de este mundo, y estuvieran dispuestos a renunciar a ellas como lo hizo Moisés. Las personas mencionadas les recuerdan a los creyentes que hay que creer a Dios antes de que lo que se ve, que en el caso de los receptores no era favorable para ellos.

32-39 Se presenta en este pasaje un contraste notable entre aquellos cuya fe les ayudó a *superar* obstáculos formidables, y otros cuya fe les *sostuvo* en medio de duros desafíos. Se mencionan reconocidos personajes de la historia hebrea cuyas vidas son un ejemplo de triunfo sobre las dificultades (Gedeón, Barac, Sansón, Jefté, David, Samuel y los profetas). Cada uno de estos personajes manifestó su fe al obedecer a Dios y confiar en que Él les daría la victoria.

Sin embargo, como contraste se recuerdan creyentes fieles cuya fe les sostuvo cuando sufrieron tormentos, azotes, cárcel, y muerte mediante métodos violentos y crueles. "Aquí se está pensando claramente en los profetas. Tradicionalmente se creía que Jeremías fue apedreado hasta la muerte, y que Isaías fue aserrado en dos. En 2Crónicas 24:20-21 se registra la lapidación de Zacarías" (Holmes 1929: 409). La persecución les obligó a andar errantes por lugares inhóspitos y en paupérrimas condiciones.

En los primeros creyentes fieles se ve que su fe fue "la certeza de lo que se espera", pues confiaron en lo prometido por Dios, y lo vieron cumplido. Sin embargo, para los creyentes atribulados fue "la convicción de lo que no se ve", ya que perseveraron en su fe en medio de la persecución y tribulaciones, confiando en que Dios estaba con ellos, aunque no vieron alivio a su pesar. Los creyentes sufrientes mantuvieron su fe sin recibir nada tangible a cambio, pero su fe agradó a Dios, y proveyó para ellos una recompensa a la que los cristianos también acceden mediante la salvación en Cristo.

Para los receptores de la carta ambos ejemplos eran importantes, especialmente el segundo. Más adelante se indicará que la persecución por la que habían pasado estos creyentes judíos no había llegado al punto que algunos murieran por su fe (12:4), de manera que las dificultades que habían sufrido no llegaban a compararse con las que pasaron otros creyentes fieles antes que ellos.

B. Dios disciplina a sus hijos (12:1-11)

12:1-4 Se considera a los ejemplos de la fe ya mencionados como "una grande nube de testigos", los cuales sirven como modelos para la eficacia de la carrera del cristiano. Se usa la imagen de una carrera atlética donde los corredores consideran el testimonio de los que les precedieron. Los testigos ya corrieron con éxito, y esperan que los receptores lo hagan de la misma manera.[72]

---

[72] R. E. Bartlett comenta: "Es el principio alentador que permitió a los santos de la antigüedad vivir y sufrir, como si vieran a Aquel que es invisible. Y todo esto lo pone delante de nosotros para mostrarnos lo que podemos ser. Los convoca, por así decirlo, uno por uno, como testigos del poder invisible que los animaba, para testificarnos que, así como ellos corrieron, así podemos correr nosotros. Como ellos vencieron, así podemos vencer nosotros. No son uno o dos, sino una nube; no están aquí y allá, sino que nos rodean por todos lados. Nos alientan y nos

Se les exhorta a los creyentes a despojarse de todo lo que les estorba en su desempeño (los corredores atléticos evitaban cargar cualquier peso), ya sea "peso" o "pecado". Aunque se podría estar usando un lenguaje reiterativo, tal vez el *peso* se refiera a permitir cosas tales como el desánimo y el pesimismo.[73] Por otro lado, el *pecado* que asedia se refiere a ceder a tentaciones que les alejaban de Dios, ambos factores estorban su carrera.

Al mismo tiempo, deben fijar su atención en Jesucristo, el ejemplo supremo de fe, quien es descrito como "el autor y consumador de la fe". La fe cristiana procede de Jesús y es consumada por Él, quien es el todo de la fe cristiana. Jesucristo, de la misma manera que los creyentes sufrientes de la antigüedad, sufre la muerte de cruz y no se amedrenta ante la vergüenza de esta.[74] El gozo de proveer salvación para

---

animan con la seguridad de que la carrera es nuestra si corremos con paciencia. Apartando constantemente la mirada de las cosas que nos rodean para fijarla en Jesús, el Autor y Consumador de la fe en la que vencieron, y en la que tenemos que esforzarnos" (1877: 152).

[73] Albert Barnes opina: "Aplicado a los cristianos, significa que deben eliminar todo lo que obstruya su progreso en el curso cristiano. Por lo tanto, es justo aplicarlo a cualquier cosa que sea un impedimento en nuestros esfuerzos por ganar la corona de la vida. No es lo mismo en todas las personas. En uno puede ser orgullo; en otra vanidad; en otra mundanalidad; en otro, un temperamento violento y casi ingobernable; en otro, una imaginación corrupta; en otro, un corazón pesado e insensible; en otro, algún apego impropio e impío. Sea lo que sea, se nos exhorta a dejarlo a un lado, y esta dirección general puede aplicarse a cualquier cosa que nos impida alcanzar el más alto logro posible en la vida dada por Dios" (1985: ebook).

[74] La centralidad de la cruz en el mensaje del evangelio es evidente, a pesar de su connotación negativa en las sociedades del primer siglo. La muerte de cruz conllevaba no solo la idea de dolor físico sino de *vergüenza y afrenta*. Este tipo de condena estaba destinado en ese tiempo para los peores criminales. El ajusticiado era colgado de un madero totalmente desnudo, en un lugar público, expuesto a la afrenta,

el humano pecador fue superior a los sufrimientos físicos, emocionales y sociales que vendrían sobre Él.

El camino de la cruz le condujo a sentarse a la diestra de Dios como sumo sacerdote e intercesor a favor de los creyentes. El ejemplo de Jesús, quien fue exaltado por Dios debido a su obediencia hasta la muerte ignominiosa, debe servir a los creyentes para que no se cansen al punto de rendirse. El sufrimiento no será para siempre y un día serán ellos llevados donde está su Señor. Se indica que las dificultades que ellos enfrentaron no llegaron al punto de que algunos de los creyentes murieran por su fe. Esto se contrasta con el Salvador que sí entregó su vida por ellos en muerte afrentosa.

5-11 Se cita un pasaje bíblico (Proverbios 3:11-12), para introducir la enseñanza de que la posición de hijos de Dios que los receptores tienen hace que califiquen para recibir disciplina[75] por parte de Dios. Así como los padres

---

desprecio y aversión de los que pasaban. Los crucificados, en ocasiones, agonizaban por días, privados de agua y alimento, afligidos por el sufrimiento físico y los elementos naturales de la lluvia y el calor. Sus heridas se infectaban y supuraban, el mal olor que despedían se podía percibir a la distancia. La idea de un Salvador o Mesías crucificado era absurda en esa época. Sin embargo, el mensaje del Salvador crucificado fue proclamado abiertamente por la iglesia, haciéndolo notorio. "[Jesucristo] estando en la condición de hombre, se humilló a sí mismo, haciéndose obediente hasta la muerte, y muerte de cruz" (Filipenses 2:8). La cruz también conlleva una poderosa simbología para la vida abnegada del creyente: "Pero lejos esté de mí gloriarme, sino en la cruz de nuestro Señor Jesucristo, por quien el mundo me es crucificado a mí, y yo al mundo" (Gálatas 6:14). En este pasaje de Gálatas el significado de la crucifixión para el creyente es doble: el mundo y su influencia está muerto para el creyente, y el creyente está muerto para el mundo al aceptar la afrenta de creer en el Salvador crucificado.
[75] Las dificultades son vistas por el autor como disciplina de Dios. En otros pasajes del Nuevo Testamento se enseña que los creyentes son

disciplinan a sus hijos para que crezcan como personas de provecho, Dios también disciplina a sus hijos con sabiduría divina, para que los creyentes maduren y sean partícipes de "su santidad". Lo que indicaría posiblemente que, al permanecer fieles a Dios en medio de su disciplina (sufrimientos), los creyentes crecerían en la semejanza de su Padre celestial.[76]

El apóstol Santiago recuerda el valor de las pruebas en la vida de los creyentes: "Hermanos míos, tened por sumo gozo cuando os halléis en diversas pruebas, sabiendo que la prueba de vuestra fe produce paciencia. Mas tenga la paciencia su obra completa, para que seáis perfectos y cabales, sin que os falte cosa alguna" (Stgo. 1:2-4). Se reconoce que la disciplina por parte de Dios puede provocar desánimo y no gozo; sin embargo, a largo plazo producirá buenos resultados de

---

hechos participantes de los sufrimientos de Cristo como parte de su vida cristiana normal. "Amados, no os sorprendáis del fuego de prueba que os ha sobrevenido, como si alguna cosa extraña os aconteciese, sino gozaos por cuanto sois participantes de los padecimientos de Cristo, para que también en la revelación de su gloria os gocéis con gran alegría" (1P. 4:12-13). "A fin de conocerle [a Cristo], y el poder de su resurrección, y la participación de sus padecimientos, llegando a ser semejante a él en su muerte" (Fil. 3:10).

[76] Ched Spellman indica respecto de la disciplina: "Sobre la base del pasaje de Proverbios, el escritor llama a sus lectores a perseverar en medio de la disciplina. De este modo, conecta sorprendentemente los conceptos de aguante y disciplina. La causa de sus dificultades y pruebas podría ser el resultado de luchar contra el pecado, la persecución por la fe en Cristo o cualquier otro tipo de circunstancia desagradable. Cualquiera que sea la dificultad por la que estén pasando los lectores, deben verla como disciplina del Señor. Esta disciplina los capacitará para ser quienes el Señor los ha llamado a ser. Así como Cristo soportó hostilidades inmerecidas (12:3), también los lectores deben soportar como disciplina divina (12:7) cualquier hostilidad similar, dificultades específicas o posibles consecuencias del pecado" (2016: 496).

crecimiento espiritual en los que muestran fidelidad y perseverancia. El apóstol Pedro usa palabras semejantes: "Mas si haciendo lo bueno sufrís, y lo soportáis, esto ciertamente es aprobado delante de Dios. Pues para esto fuisteis llamados; porque también Cristo padeció por nosotros, dejándonos ejemplo, para que sigáis sus pisadas" (1P 2:20-21).

C. Cuarta advertencia: Llamado a la obediencia (12:12-29)

12-17 Los receptores reciben una advertencia más en vista de lo ya expuesto en los pasajes anteriores. El autor ya había usado la analogía de una carrera en la que los creyentes consideran el ejemplo de los "testigos" que les precedieron. Ahora se les llama a avanzar ("levantad las manos caídas y las rodillas paralizadas") y no quedarse estancados en el desánimo. Deben progresar en su crecimiento espiritual buscando "el camino derecho, para que sane el pie que está cojo y no se tuerza más" (12:13, *Dios Habla Hoy*). Los receptores deben fijarse cómo caminan (en santidad), para que tengan salud espiritual, y así sigan avanzando.

Se hace un llamado a estar en buenas relaciones con todos (en paz) y mostrar en sus vidas la santidad que han alcanzado en Cristo. La santidad no significa *perfección* sino consagración para vivir como a Dios le agrada. "Nadie verá al Señor" si no se está viviendo en comunión con Dios, ya se había indicado antes que la disciplina de Dios ayuda al creyente a crecer en su santidad, y ésta debe ser evidente en la vida de los hijos de Dios.

Se menciona el peligro de permitir que la "amargura" se asiente en el corazón, estorbando así el crecimiento. Se indica que esta es contagiosa y puede propagarse a otros creyentes. El desaliento y la frustración causan heridas emocionales que pueden conducir a malas relaciones con otros, y a apartarse de Dios y de la gracia recibida en Cristo.

Los receptores deben considerar el mal ejemplo de Esaú, al que se le llama "profano" quien no valorizó la bendición que le correspondía como primogénito y prefirió el deleite temporal de una comida (véase Génesis 25:29-34). Se menciona también la fornicación, en relación con esto mismo, un deleite temporal. Es primera vez en la epístola que se menciona un pecado específico de la naturaleza pecaminosa. Esta fornicación puede estar relacionada con la exhortación de Hebreos 13:4: "…pero a los fornicarios y a los adúlteros los juzgará Dios". Esaú desechó la bendición de Dios y ya no pudo recuperarla, lo mismo sucede con aquellos que no valorizan la salvación en Cristo y apostatan de su fe por cualquier razón de naturaleza temporal.

18-24 Se procede ahora a contrastar la promulgación del primer pacto con el nuevo pacto. Se recalcan aquellos acontecimientos atemorizantes que acompañaron la entrega del pacto mosaico. Había demostraciones que atemorizaban, tales como fuego, tinieblas y tempestad. Todo parece señalar una presencia semejante a la sensación física de una severa tormenta que oscurece el ambiente. Además, había sonidos como de trompetas y Dios hablaba con voz audible al pueblo. El monte Sinaí, donde Dios manifestaba su poderosa presencia, no podía ser tocado por los hebreos. El pueblo aterrorizado no soportó tal manifestación audible y visual.

La descripción de este acontecimiento se narra en Éxodo 20:1-25 y Deuteronomio 5:1-33. Se dice que incluso Moisés manifestó su temor. El autor usa alguna tradición judía al indicar que aun Moisés tuvo temor, ya que este detalle no se narra en los pasajes mencionados.

Por el contrario, los creyentes se acercan a un monte diferente, al monte Sion donde está la Jerusalén celestial, allí no hay restricciones de acceso ni temor. Ellos se acercan a los "muchos millares" de ángeles fieles.[77]

La "congregación" de aquellos "inscritos en los cielos", parece referirse a los cristianos salvados que ya han muerto y están en la presencia de Dios, esto porque todos los grupos mencionados en estos versículos están en los cielos. Por otro lado, si se refiere a los "inscritos" en el cielo que todavía viven, se referiría a la iglesia sobre la tierra, cuyos miembros están inscritos en el libro de la vida (Fil 4:3; Ap. 3:5).

Se menciona a Dios, como el "Juez de todos", que en el caso de los creyentes son aceptados por Él en Cristo. "Los espíritus de los justos hechos perfectos", pueden ser los creyentes fieles hebreos del Antiguo Testamento, o todos los creyentes ya muertos que están en estado de perfección en el cielo´

Jesús es el "mediador del nuevo pacto", quien es un sumo sacerdote misericordioso. Se menciona la obra expiatoria del Señor, cuya sangre tiene el propósito de proveer perdón y

---

[77] Philip E. Hughes cree que se habla aquí de ángeles adorando a Dios: "Delante de él, en la ciudad celestial, 'muchos millares', es decir, una innumerable compañía de ángeles adora a Dios cantando: 'El Cordero que fue inmolado es digno de tomar el poder, las riquezas, la sabiduría, la fortaleza, la honra, la gloria y la alabanza' (Apocalipsis 5:11). Esta escena de alabanza y celebración gozosas en la Jerusalén celestial es lo que significa que estén en reunión festiva" (1990: ebook).

redención, a diferencia de la sangre derramada de Abel que clamaba por justicia (Gn. 4:10).

25-29 Se advierte a los creyentes que no deben desechar a quien les habla, ya que éste lo hace desde los cielos. La voz se refiere a Dios, cuya autoridad sobrepasa en mucho a la voz de Moisés, que amonestaba al pueblo hebreo. Si los hebreos recibieron retribución por su incredulidad, tampoco la evitarán aquellos que desechan la palabra de Dios.

Se cita de manera parafraseada al profeta Hageo (Hag. 2:6-7), éste en su contexto original usa lenguaje apocalíptico para recalcar el cambio ("temblar") que Dios planea hacer. Se predice la venida de Cristo ("el deseado de las naciones") y llenar de gloria el templo que se está reconstruyendo (Hageo 2:6-7), después de haber sido destruido por los babilonios casi 70 años antes. El escritor de la carta ve en este lenguaje que Dios planea conmover la tierra y el cielo. Él interpreta esta profecía en el sentido que Dios ha removido "las cosas movibles", que se refieren a la ley mosaica (el tabernáculo necesitaba ser desarmado y armado de nuevo, el templo fue destruido y reconstruido), para que queden las inconmovibles (la perpetuidad del nuevo pacto y la obra de Jesucristo en el cielo). Lo que permanece es el reino eterno que los creyentes han recibido por su fe en Cristo. Por esta razón, los receptores de la carta deben servir a Dios con gratitud, "agradándole con temor y reverencia", ya que Dios es "fuego consumidor" para aquellos que apostatan de la fe.

VI. EXHORTACIONES Y DESPEDIDA (13:1-25)

En esta sección se llama a los creyentes a manifestar virtudes cristianas y abstenerse de conductas que no reflejan madurez en la fe. Se reitera una vez más la ineficacia del culto levítico al referirse de nuevo al tabernáculo. Se recalca el respeto a los líderes de la iglesia. La sección termina con referencias personales del autor

1-7 Se menciona el amor fraternal entre los receptores, tal vez considerando que algunos habían dejado de congregarse y evitaban la comunión con otros hermanos. El aislarse de otros creyentes no ayuda al crecimiento espiritual.

La hospitalidad es un llamado a recibir de buena gana a aquellos predicadores itinerantes (3Jn. 5-8) que visitaban las iglesias, considerando que hay ejemplos de creyentes que hospedaron ángeles (véase los casos de Abraham en Génesis 18 y Lot en Genesis 19). ¿Podría esta exhortación relacionarse con una actitud negativa de los receptores hacia predicadores que les visitaban?

La visita a los presos posiblemente se refiere a creyentes encarcelados todavía por su fe, que necesitaban sentir que la comunidad de creyentes no les había olvidado. El acordarse de los maltratados puede señalar que algunos estaban todavía sufriendo las consecuencias de la reciente persecución.

La fidelidad entre los cónyuges se debe mostrar al respetar el matrimonio ("lecho sin mancilla"), los fornicarios y adúlteros recibirán castigo por parte de Dios. La avaricia es condenada en otros pasajes de la Biblia como idolatría, y se asocia con otros pecados: "Haced morir, pues, lo terrenal en vosotros: fornicación, impureza, pasiones desordenadas, malos deseos y avaricia, que es idolatría" (Col. 3:5).

Los creyentes deben aprender a confiar en que Dios no les desamparará, para ello el autor cita el Salmo 118:6 que asegura el cuidado de Dios. Se encarece recordar la palabra enseñada por los pastores fundadores de la iglesia, y a imitar la fe mostrada por ellos, tal vez la expresión "acordaos" indique que debían recordar lo que les habían enseñado. Más abajo, se llama a obedecer a los pastores para que ellos cuiden de los creyentes "con alegría" y no sea motivo de carga (13:17). Tal vez el desaliento había conducido a los receptores a prestar menos atención a la palabra de sus pastores.

9-18 La frase "Jesucristo es el mismo ayer, y hoy, y por los siglos" puede relacionarse con la advertencia a no dejarse llevar por "doctrinas diversas y extrañas", que enfatizaban seguramente las comidas judías y desviaba al creyente de la gracia de Dios. Los sacerdotes hebreos podían quedarse con parte de los animales sacrificados para preparar comidas para ellos y sus familias (Lev. 6:26; 7:6). El altar[78] figurado donde Jesús se ofreció en sacrificio no provee alimento espiritual[79] para aquellos que siguen el culto levítico. La centralidad de Jesús en la fe cristiana ha sido el tema que el autor ha venido exponiendo, y nada puede añadirse a la obra y palabra inmutables del Señor.

---

[78] Algunos comentaristas identifican el "altar" como la cruz donde Cristo ofreció su vida como sacrificio expiatorio a Dios (Kistemaker 1991: 487; Leal 1962: 184)

[79] La idea de comer y beber, de manera simbólica en relación con el creer en Cristo, fue planteada por el Señor mismo cuando dijo: "De cierto, de cierto os digo: Si no coméis la carne del Hijo del Hombre, y bebéis su sangre, no tenéis vida en vosotros. El que come mi carne y bebe mi sangre, tiene vida eterna; y yo le resucitaré en el día postrero. Porque mi carne es verdadera comida, y mi sangre es verdadera bebida. El que come mi carne y bebe mi sangre, en mí permanece, y yo en él. Como me envió el Padre viviente, y yo vivo por el Padre, asimismo el que me come, él también vivirá por mí" (Juan 6:53-57).

Se procede a considerar de nuevo el culto levítico para demostrar la superioridad de la obra expiatoria de Jesús sobre aquel. Esta vez se usa la costumbre de que los restos de los animales sacrificados el Día de la Expiación eran quemados fuera del campamento hebreo en el desierto, para ilustrar que Jesús padeció fuera de la ciudad de Jerusalén. Esta acción ilustra que los creyentes deben seguir a Jesús y dejar atrás el culto levítico, aceptando como suyo el vituperio que el Señor sufrió por su muerte en la cruz. La mirada de los creyentes no debe estar en la ciudad terrenal de Jerusalén, con el culto mosaico, sino en la celestial. "la por venir".

Considerando la obra definitiva del Señor Jesús, los creyentes pueden presentar ahora sacrificios que agradan a Dios, y que no se relacionan con el sistema levítico. Uno de ellos es el "sacrificio de alabanza", que se asocia con confesar a Cristo con nuestros labios. En el Antiguo Testamento el sacrificio de alabanza se relacionaba con cantar alabanzas a Dios al momento de presentar ofrendas o sacrificios de animales a Dios (Sal. 27:6; 107; 22; 116:17; Jer. 17:26). La alabanza proclamaba la bondad y misericordia de Dios, y no ha cambiado su naturaleza en el nuevo pacto.[80] Que importante es que la alabanza en la iglesia esté centrada en Jesucristo, confesando el Nombre que es sobre todo nombre.

---

[80] "Librados de la carga de la culpa y del pecado, deseamos expresar nuestra gratitud a Dios. Esto lo hacemos por medio de Jesús. Ofrecemos a Dios no aquellos sacrificios materiales que Cristo ha hecho superfluos, sino la confesión continua de alabanza y de agradecimiento. En tanto que Jesús se ofreció a sí mismo una sola vez, nosotros presentamos nuestras alabanzas continuamente. Nuestra vida entera debe ser un canto de alabanza expresado en palabras y hechos" (Kistemaker 1991: 493). El apóstol Pablo invita a los creyentes a que su vida completa sea ofrecida como "sacrificio vivo, santo, agradable a Dios" (Ro. 12:1).

También se menciona como sacrificio "el hacer bien y la ayuda mutua", manifestando de manera práctica el amor de Cristo. Nuevamente se recuerda la ayuda mutua entre los creyentes, algo que parece estaba descuidado entre los receptores.

El autor pide oración a la iglesia, considerando el buen testimonio de él y sus colaboradores. El hecho que las oraciones ayudarán a que él "les sea restituido pronto", puede indicar fuertemente que el autor era miembro de la comunidad de creyentes a la cual escribe, y que por razones que no se informan había estado ausente. Esta ausencia puede haber causado el desánimo de la iglesia, y los problemas asociados.

20-25 La despedida comienza con una bendición centrada en Jesús resucitado, a quien se lo llama "el gran pastor de las ovejas". Esto para recalcar su deidad, ya que en el Antiguo Testamento era frecuente llamar a Dios el pastor de Israel (Sal 23:1; 28:9; 67:4; 80:1). El Nuevo Testamento enfatiza también a Jesús como el pastor divino (Jn. 10:11, 14; 1P. 2:25; 5:4; Ap. 7:17).

La resurrección del Señor está asociada con su muerte expiatoria que asegura el "pacto eterno".[81] Esta afirmación puede señalar que la muerte de Jesucristo fue aceptada por Dios como ofrenda expiatoria, y por tal razón fue resucitado

---

[81] "La sangre del pacto eterno es la propia sangre de Jesús. Este sacrificio ya se ha aludido anteriormente en la epístola (9:26, 28; 10:12, 14) y ahora se destaca como el pacto eterno; es lo nuevo que reemplaza cualquier pacto o pactos anteriores. Este pacto demuestra que no hay necesidad de ninguna otra ofrenda nunca más. El pacto es el pacto de Jesús. Depende de él en todos los sentidos. Su resurrección lo valida a perpetuidad" (Garrard 2023: ebook).

de los muertos y exaltado en gloria al cielo. El mismo Dios, que realizó tal obra salvadora en Cristo, ayuda a que los creyentes hagan su voluntad. El poder de Dios "por Jesucristo" obra en la iglesia para que puedan hacer lo que a Dios le agrada.

Al Señor Jesús le corresponde "la gloria por los siglos de los siglos", es decir por las eras o edades venideras. La carta llega a su final con el mismo mensaje que comienza, exaltando al Hijo de Dios en la doxología final.

La mención de Timoteo indica que el autor era miembro del círculo de colaboradores de Pablo. No se menciona la causa del encarcelamiento que Timoteo sufrió, ni tampoco el lugar de la cárcel. El autor tiene la esperanza de que pueda viajar con él cuando les visite. Se envían saludos a la iglesia y a sus líderes. La mención de "los de Italia" es ambigua, como ya se indicó en la introducción, y esto no da una localidad clara del lugar en que se hallaban los receptores. La gracia de Dios está siempre presente en los saludos, esta vez se menciona en la despedida, y es especialmente significativa debido al contenido de la carta.

Algunos piensan que estos últimos versículos fueron añadidos posteriormente para relacionar esta carta más estrechamente con el apóstol Pablo. "Si 13:22-25 fue el trabajo de un escriba que intentó hacer que este trabajo fuera más paulino, uno debe preguntarse por qué el redactor no colocó el sello paulino en esta unidad más claramente" (Thompson 2013, ebook). Es preferible considerar que este cierre a la epístola fue parte original de ella.

BIBLIOGRAFÍA SELECTA

Libros

Barclay, William, *The Letter to the Hebrews* (Philadelphia, Pennsylvania: The Westminster Press, 1976).

Barnes, Albert, *Notes on the New Testament: Hebrews* (London: Blackie & Son, 1884–1885).

Berkhof, Louis, *Introduction to the New Testament* (Grand Rapids, MI: Eerdmans, 1915).

Boyd, Ricardo Garrett, "Hebreos, Santiago, 1 y 2 Pedro, Judas" en *Comentario bíblico Mundo Hispano* (El Paso, TX: Mundo Hispano, 2005).

Bruce, F. F., "The Epistle to the Hebrews" en *The New International Commentary on the New Testament* (Grand Rapids, MI: Eerdmans, 1990).

Calvin, John, *Commentary on the Letter to the Hebrews* (Sin información: GLH Publishing, 2020).

Carson, D. A. y Douglas J. Moo, *An Introduction to the New Testament* (Grand Rapids, MI: Zondervan, 2005).

Cockerill, Gareth Lee, "The Epistle to the Hebrews" en *The New International Commentary on the New Testament* (Grand Rapids, MI: Eerdmans, 2012).

Craver, Ben, "Hope" en *The Lexham Bible Dictionary* (Bellingham, WA: Lexham Press, 2016).

Delitzsch, Franz, *Commentary on the Epistle to the Hebrews*, vol. 1 (Edinburgh, Scotland: T. & T. Clark, 1874).

Domeris, Bill y Zoltan Erdey "Hebreos" en *A Student's Guide to the New Testament* (Sin información: SATS Press. 2019)

Dods, Marcus, *Introduction to the New Testament* (London, England: Hodder and Stoughton, 1890).

Douglas, J. D., Merrill C. Tenney y Moisés Silva, "Salem" en *Zondervan Illustrated Bible Dictionary* (Grand Rapids, MI: Zondervan, 2011).

Easton, M. G., "Aaron" en *Easton's Bible Dictionary* (Grand Rapids, MI: Christian Classics Ethereal Library, 2000).

Everett, Gary H., *The Epistle of Hebrews* (Publicación personal, 2024).

Farrar, F. W., *Hebrews* (Cambridge, England: C. J. Clay and Sons, 1902).

Gallardo, Maximiliano, *Did Paul Use Midrashic Interpretation? A Study on the Exegetical Techniques of The Apostle Paul* (Northwood, England: London Bible College, Tesis de grado no publicada, 1991).

Garrard, David, J. *The Epistle to the Hebrews* (Eugene, OR: Resource Publications, 2023)

Guthrie, Donald, *New Testament Introduction* (Downers Grove, IL, InterVarsity Press, 1973).

_____, *New Testament Theology* (Leicester, England: Intervarsity, 1981).

_____, "Hebrews" en *Tyndale New Testament Commentaries* (Notingham, England: Inter-Varsity Press,

1983).

Guthrie, George H., "Hebrews" en *Zondervan Illustrated Bible Backgrounds Commentary: Hebrews to Revelation* (Grand Rapids, MI: Zondervan, 2002).

_____, "Hebreos" en *Comentario con aplicación NIV* (Miami, FL: Vida, 2014)

Hodges, Zane C., "Hebrews" en *The Bible Knowledge Commentary: An Exposition of the Scriptures*, ed. J. F. Walvoord and R. B. Zuck, vol. 2 (Wheaton, IL: Victor Books, 1985).

Holmes, W. H. G., *Epistle to the Hebrews* (London, England: MacMillan,1929).

Holz, T., "aiwn" en, *Diccionario Exegético del Nuevo Testamento* por Balz Horst, y Gerhard Schneider (Eds.), (Salamanca, España: Sígueme, 2005).

Hughes, Philip E., *A Commentary on the Epistle to the Hebrews* (Grand Rapids, MI: Eerdmans, 1990).

Jaramillo, Luciano (Ed.), *Biblia de estudio NVI* (Miami, FL: Vida, 2002).

Junkin, George, *A Commentary on the Epistle to the Hebrews* (Philadelphia: Smith, English & Co., 1873)

Keener, Craig S., *Comentario del contexto cultural de la Biblia* (El Paso, TX: CBP, 2003).

Kendrick, A. C., *Commentary on the Epistle to the Hebrews* (Philadelphia: American Baptist Publication Society, 1889)

Koester, Craig R. "Hebrews" en *The Blackwell Companion to the New Testament* (Malden, MA: Blackwell Publishing, 2010).

Knoch, A. E., "Hebrews" en *Concordant Commentary on the New Testament* (Concordant Publishing Concern, 1968).

Leal, Juan, "Carta a los Hebreos" en *La Sagrada Escritura, Nuevo Testamento,* vol. 3 (Madrid, España: BAC, 1961).

Leschert, Dale F., "Age" en *Eerdmans Dictionary of the Bible* (Grand Rapids, MI: Eerdmans, 2000).

Longman III, Tremper (Ed.), "Typology" en *The Baker Illustrated Bible Dictionary* (Grand Rapids, MI: Baker, 2013).

MacDonald, William, "Hebreos" *Comentario bíblico de MacDonald* (Terrasa, España (CLIE, 2004).

Mackie, Scott D. (Ed.), *The Letter to the Hebrews* (London, England: T&T Clark, 2018).

Moffat, James, "Epistle to the Hebrews" en *The International Critical Commentary* (Edinburgh, Scotland: T. & T. Clark, 1924).

Murray, Andrew, *The Holiest of All: An Exposition of the Epistle to the Hebrews* (New York: Anson D. F. Randolph & Company, 1894).

Nicolau, Miguel, *La Sagrada Escritura* (Madrid, España: BAC, 1962).

Orr, James, "Tabernacle A" en *International Standard Bible Encyclopedia* (Chicago, IL: Howard-Severance Co., 1915)

Peterson, David G., "Hebreos" en *Nuevo comentario bíblico siglo veintiuno* (El Paso, TX: CBP, 1999).

_____ "Hebrews" en *Commentary on the New Testament Use of the Old Testament* (Grand Rapids, MI: Baker, 2007).

_____ "Hebrews" en *New Bible Commentary: 21st Century Edition* (Leicester, England; Downers Grove, IL: Inter-Varsity Press, 1994).

Ramm, Bernard, *La revelación especial y la Palabra de Dios* (Buenos Aires, Argentina: Editorial La aurora, 1967).

Reeve, James J., "High Priest" en *International Standard Bible Encyclopedia* (Chicago, IL: Howard-Severance Co., 1915).

Sadler, M. F., *Titus, Philemon and Hebrews* (London, England: George Bell and Sons,1906).

Thompson, James W., "Hebrews" en *Paidea Commentaries on the New Testament* (Grand Rapids, MI: Baker Academic, 2013)

Turner, Samuel H., *The Epistle to the Hebrews in Greek and English* (New York, NY: Stanford and Swords, 1852).

Unger, Merrill F., "Melchizedek" en *The New Unger's Bible Dictionary* (Chicago: Moody Press, 1988)

Vos, Geerhardus, "Last Time, Times" en *International Standard Bible Encyclopedia* (Chicago, IL: Howard-Severance Co., 1915).

Wickham, E. C., *The Epistle to the Hebrews* (London,

England: Methuen & Co. Ltd.: 1910).

Wiersbe, Warren W., *The Bible Exposition Commentary*, vol. 2 (Wheaton, IL: Victor Books, 1996).

Wright, N. T., *Hebrews for Everyone* (Louisville, KY: Westminster John Knox Press, 2004).

Artículos

Baigent, John W., "Jesus as Priest: An Examination of the Claim that the Concept of Jesus as Priest May Be Found in the New Testament Outside the Epistle to the Hebrews,"*Vox Evangelica* 12 (1981): 34-44.

Bartlett, Vernon, "The Epistle to Hebrews as the Work of Barnabas", *The Expositor* sixth series 8.5 (1903): 381-396.

Bartlett, R. E., "The Cloud of Witnesses. Hebrews xii:1", *The Expositor* first series 5.2 (1877), 149-153.

Bruce, F. F., "Problem Texts (10), Irretrievable Apostasy", *Harvester* 46.10 (1987), 20.

Burns, Lanier, "Hermeneutical Issues and Principles in Hebrews as Exemplified in the Second Chapter", *Journal of the Evangelical Theological Society* 39.4 (1996), 587-607.

Camacho, Harold S., "The Altar of Incense in Hebrews 9.3-4", *Andrews University Seminary Studies* 24.1 (1986), 5-12.

Charles, J. Daryl, "The Angels, Sonship and Birthright in the Letter to the Hebrews", *Journal of the Evangelical Theological Society* 33.2 (1990), 171-178.

Chipman, Todd R., "Where Is Exhortation in Hebrews?: Discourse Analysis and Genre Division in the Epistle to the Hebrews", *Midwestern Journal of Theology* 10.1 (2011), 130-144.

Church, Philip, "Hebrews 1:10-12 and the Renewal of the Cosmos" *Tyndale Bulletin* 67.2 (2016) 269-286.

Cockerill, Gareth Lee, "Melchizedek or 'King of Righteousness'": *The Evangelical Quarterly* 63.4 (1991), 305-312.

Compton, R. Bruce, "Persevering and Falling Away, A Reexamination of Hebrews 6:4-6", *Detroit Baptist Seminary Journal* 1.1 (1996), 135-167.

Davidson, Richard M., "Christ's entry 'within the veil' in Hebrews 6.19-20: The Old Testament background", *Andrews University Seminary Studies* 39.2 (2001), 175-190.

DeSilva, David Arthur, "The Invention and Argumentative Function of Priestly Discourse in the Epistle to the Hebrews", *Bulletin for Biblical Research* 16.2 (2006) 295-323.

Geerhardus, Vos, "The Priesthood of Christ in the Epistle to the Hebrews", *The Princeton Theological Review* 5.3 (1907), 423-447.

Hanc, Ovidiu, "The Concept of Rest in Hebrews 4, eschatological and soteriological aspects", *Semănătorul* (The Sower) 1.2 (2021), 42-52.

Hughes, Kent, "Obeying and Worshiping a Holy, Loving God, Hebrews 12.25-29", *Southern Baptist Journal of Theology* 2.4 (1998), 34-38.

Houwelingen van, Rob, "Riddles Around the Letter to the Hebrews", *Fides Reformata* 16.2 (2011), 151-162.

Kulikovsky, Andrew S., "God's rest in Hebrews 4.1-11", *Journal of Creation* 13.2 (1999), 61-62.

Lang, G. H., "Melchizedek", *The Evangelical Quarterly* 31.1 (1959), 21-31.

Laughton, Lance C., "The Hermeneutic of the Author of Hebrews" (University of Pretoria, artículo no publicado, 2005).

Moore, Nicholas, "Repetition in Hebrews" *Tyndale Bulletin* 66.1 (2015) 153-156.

Morison, James, "The First Chapter of the Epistle to the Hebrews verses 1 and 2", *The Expositor,* first series 1.1 (1875), 60-70.

Motyer, Steve, "'Not apart from us' (Hebrews 11:40): Physical Community in the Letter to the Hebrews", *The Evangelical Quarterly* 77.3 (2005), 235-248.

Murphy, Joseph John, "The Anchor of Hope. Romans iii.24; Hebrews vi.19", *The Expositor* 2nd Series, 5.6 (1883), 435-442.

Overstreet, R. Larry, "The Superiority of Christ, The Identity of Melchizedek in Hebrews", *Journal for Baptist Theology and Ministry* 6.1 (2009), 97-117.

Plenc, Daniel Oscar, "Homilía a los hebreos: Antecedente de la predicación cristocéntrica" *DavarLogos* 5.2 (2006), 183-195.

Purton, John Smyth, "The Golden Censer. A Note in Hebrews ix. 4", *The Expositor* first series 6.6 (1877), 469-471.

Rhee, Victor (Sung-Yul), "The Author of Hebrews as a Leader of The Faith Community", *Journal of the Evangelical Theological Society* 55.2 (2012), 365-375.

Sims, Colin, "Rethinking Hebrews 12:1", *Irish Biblical Studies* 27.2 (2008), 54-88.

Spellman, Ched, "The Drama of Discipline: Towards an Intertextual Profile of *Paideia* in Hebrews 12", *Journal of the Evangelical Theological Society* 59.3 (2016), 487-506.

Stanley, Steven K., "A New Covenant Hermeneutic: The Use of Scripture in Hebrews 8-10" Tyndale Bulletin 46.1 (1995), 204-206.

Stevens, Daniel, "A promise remains: A study of Promise in the Epistle to the Hebrews" *Tyndale Bulletin* 71.1 (2020), 157-160.

Tetley, Joy, "The Priesthood of Christ in Hebrews", *Anvil* 5.3 (1988), 195-206.

Tongue, D. H. "The Concept of Apostasy in the Epistle to the Hebrews" *Tyndale Bulletin* 5–6 (1960),19–27.

Wells, Tom, "The Epistle to the Hebrews and Worship", *Reformation & Revival* 9.2 (2000), 115-129.

Santiago

INTRODUCCIÓN A SANTIAGO

Aspectos generales

La Epístola de Santiago es parte de las llamadas epístolas católicas o universales. Esto se debe a que no se indica en la carta el lugar geográfico de la iglesia receptora. Solo se menciona que está dirigida a "las doce tribus que están en la dispersión" (1.1).[82]

Santiago tiene varias características únicas que la hacen sobresalir entre las epístolas del Nuevo Testamento. Es difícil identificar una estructura literaria o flujo regulado de las ideas contenidas en el libro; a diferencia de epístolas tales como Romanos, por ejemplo, que tienen un orden definido en su contenido. "Aunque tiene la introducción epistolar habitual (1:1), el libro carece de características epistolares usuales. Parece estar compuesto de unidades autónomas sin un desarrollo obvio de pensamiento o un argumento sostenido" (Thompson 1996: ebook).

Otro rasgo notable es que no se aprecia una exposición teológica detallada de alguna de las doctrinas cristianas. La mayor parte de la carta expone la conducta que se espera de aquellos que han creído. De manera que se concentra en presentar variadas formas en que el carácter del creyente debe ser demostrado de modo práctico.[83]

---

[82] "Esta es la primera de las epístolas católicas o universales, llamadas así debido a la carencia de indicaciones de destinatarios específicos. Por lo tanto, es más difícil en estos casos reconstruir la situación histórica a la cual pertenecen, lo cual abre la puerta para una variedad de conjeturas" (Guthrie 1973: 736).

[83] J. Ronald Blue afirma: "El propósito de esta poderosa carta es exhortar a los primeros creyentes a la madurez cristiana y la santidad de vida. Esta

También se ha hecho notar que Santiago pareciera contradecir la doctrina de la justificación por la fe, al enseñar que "el hombre es justificado por las obras, y no solamente por la fe" (2:24). Sin embargo, una lectura cuidadosa puede mostrar complementación en lugar de contradicción.

Santiago refleja el estilo de la literatura de poesía y sabiduría del Antiguo Testamento,[84] exhortando a los receptores a mostrar buen carácter en su comportamiento. El autor tiende a usar lenguaje absoluto, es decir ver todo en términos imperativos al presentar sus máximas, de manera que sus reflexiones deben leerse a la luz del resto del Nuevo Testamento para una perspectiva más amplia.

Autor

El autor de la epístola se identifica como "Santiago (gr. *Iakōbos*, Jacobo), siervo de Dios y del Señor Jesucristo" (1:1). Esta escueta declaración no otorga luz definitiva sobre quién fue este Santiago. Se mencionan varias personas con el mismo nombre en el Nuevo Testamento, en pasajes bíblicos donde se usa Jacobo en lugar de la palabra castellanizada "Santiago". El nombre Jacobo denomina al hermano del apóstol Juan (Lc. 5:10, este Jacobo fue asesinado por su fe, Hch. 12:2), a uno de los doce apóstoles, Jacobo el hijo de

---

carta trata más de la práctica de la fe cristiana que de sus preceptos. Santiago les dijo a sus lectores cómo lograr la madurez espiritual a través de una posición confiada, un servicio compasivo, un habla cuidadosa, una sumisión contrita y un compartir empático. Se ocupó de todas las áreas de la vida de un cristiano: lo que es, lo que hace, lo que dice, lo que siente y lo que tiene" (1985: 818).

[84] "El contenido de Santiago es similar a la literatura sapiencial del Antiguo Testamento en Proverbios y Salmos. Ambas fuentes tratan temas como el uso de la lengua, los peligros de la riqueza y la necesidad de autocontrol" (Lea 1998: 629).

Alfeo, que recibía el apodo de Zelote (Lc. 6:15), y a Jacobo el hermano del Señor Jesús (Hch. 15:13). De entre estos varones, aquel que llegó a tener más influencia en la iglesia del primer siglo fue Jacobo el hermano de Jesucristo, quien al principio no creía en Él (Mt. 12:46-50; Mr. 3:21, 31-35; Jn. 7:3-9). Luego de la resurrección del Señor, él se convirtió (Hch. 1:14; 1Co. 15:7) y llegó a ser uno de los líderes sobresalientes de la iglesia de Jerusalén (Gá. 1:19; 2:9).

No existe registro de qué sucedió con Jacobo el Zelote, por lo que parece improbable que haya escrito esta epístola. La opción preferible es que el autor sea Jacobo el hermano de Jesús, debido a su posición de autoridad en la iglesia de Jerusalén.[85]

Destinatarios

Se identifica a los destinatarios como "las doce tribus que están en la dispersión" (1:1) Tal descripción puede indicar

---

[85] "Todas las características de la carta apoyan la atribución tradicional de la misma a Santiago, el hermano del Señor. El autor habla con la autoridad de alguien que sabía que no necesitaba justificar o defender su posición. No hay libro más judío en el Nuevo Testamento que esta carta; y esto es de esperar de un hombre a quien tanto la tradición como el resto del NT muestran que se distinguió por sus compromisos judíos. Toda la carta, además, tiene una sorprendente semejanza con el Sermón del Monte, tanto en la nobleza de su moralidad como en la sencilla grandeza de su expresión" (J. D. Douglas, M. C. Tenney, y M. Silva 2011: ebook). Duane F. Watson añade: "Santiago ministró a los circuncisos (Gálatas 2:9), y la carta parece estar dirigida a una audiencia judeo-cristiana. Esto se indica mediante citas frecuentes y alusiones al Antiguo Testamento y a la tradición judía, la confesión monoteísta de que 'Dios es uno' (Santiago 2:19), y la 'congregación' en 2:2 es literalmente 'sinagoga'. Además, hay poca evidencia de una teología cristiana desarrollada o consciente. Estas características sugieren que su autor escribió en una fecha temprana en un contexto judío, tal como la iglesia de Jerusalén" (2000: 670).

comunidades de cristianos judíos dispersas por Siria o lugares cercanos a Judea, posiblemente debido a la dispersión producida por la persecución registrada en Hechos 11:19.[86] En este sentido, los receptores de esta carta se asemejan a la comunidad que recibió la *Epístola a los hebreos*. Es frecuente que en el Nuevo Testamento se considere a la iglesia como el Israel espiritual, y se le atribuyan características de pueblo de Dios semejantes a las de Israel. El apóstol Pedro escribe: "Mas vosotros sois linaje escogido, real sacerdocio, nación santa, pueblo adquirido por Dios, para que anunciéis las virtudes de aquel que os llamó de las tinieblas a su luz admirable" (1P. 2:9). Otros pasajes con mensajes similares se encuentran en el Nuevo Testamento (Ro. 2:28-29; Gá. 3:29; 6:16).

Situación de las iglesias

Llama la atención la cantidad de situaciones que Santiago quiere corregir en las comunidades receptoras. ¿Trata el autor de indicar situaciones hipotéticas que podían pasar en cualquier lugar, o recibió él informes sobre los problemas que se producían en algunas congregaciones? Cualquiera haya

---

[86] Douglas J. Moo comenta al respecto: "Tasker hace la atractiva sugerencia de que Hechos 11:19 puede proporcionar el trasfondo específico contra el cual debemos entender el uso de la diáspora por parte de Santiago. Aquí Lucas nos dice que, como resultado de la persecución relacionada con la lapidación de Esteban, muchos cristianos judíos fueron 'esparcidos' (*diaspeirō*, el verbo utilizado aquí, es afín con *diáspora*) y viajaron hasta Fenicia, Chipre y Antioquía, donde predicaron el evangelio 'solo a los judíos'. Podemos imaginar a Santiago, el líder de la iglesia de Jerusalén, enviando una amonestación pastoral a estos creyentes de su iglesia local que habían sido dispersados por el extranjero debido a la persecución. Esta teoría no puede ser probada, pero encaja notablemente bien con la naturaleza y las circunstancias de la carta, así como con la fecha que sugeriremos para ella" (2015: ebook).

sido el caso, se mencionan numerosos casos de conductas impropias de los creyentes receptores, lo que indicaría inmadurez en la fe.[87] Para cada situación la epístola contiene exhortaciones y consejos. Los asuntos que el autor considera que se deben corregir son falta de obediencia a la Palabra (1:19-25); parcialidad en el trato hacia los pobres (2:1-13); fe nominal sin obras (2:14-26); mal uso del habla o la lengua (3:1-18); malas relaciones humanas (4:1-11); y jactancia sobre el futuro (4:13-16). También, los creyentes estaban pasando por pruebas, y se les alienta a verlas como un medio para crecer en la fe (1:2), y a tener paciencia en medio del sufrimiento (5:7-11). La mención frecuente de la pobreza en contraste con la riqueza incierta es una indicación que los destinatarios estaban sufriendo penurias económicas debido a su fe.[88]

Fecha

La fecha en que esta epístola pudo haber sido escrita, si consideramos a Jacobo el hermano de Jesús como autor, fue tan temprano como entre los años 45-48 d.C., o a más tardar por el año 61 d.C. La tradición, basándose en los escritos de

---

[87] Donal Guthrie indica: "Estos cristianos eran personas de fe débil, que necesitaban exhortaciones fuertes para una vida cristiana más consecuente, lo que contribuye al contenido ético de la epístola. No se puede negar que la situación general de los creyentes era de inmadurez, cómo debe haber pasado frecuentemente en el periodo temprano, tanto entre judíos como gentiles" (1973: 760).

[88] "La mayoría de los receptores parecen haber sido pobres y estaban sufriendo opresión por sus connacionales judíos, entre los cuales ellos estaban viviendo. Evidentemente algunos de estos cristianos judíos habían sido puestos en prisión y privados de sus posesiones y bienes" (Radmacher, Allen y House 2004: 905).

Josefo, fecha la muerte de Jacobo o Santiago por el año 62 d.C.

Bosquejo del contenido

I. Saludo (1:1)

II. Las pruebas y tentaciones (1:2-18)

III. La Palabra debe practicarse (1:19-26)

IV. La acepción de personas es dañina (2:1-13)

V. La fe sin obras no tiene valor (2:14-26)

VI. El poder de la palabra hablada (3:1-18)

VII. La comunión con Dios, murmuración y jactancia (4:1-17)

VIII. Lamento sobre los ricos impíos (5:1-6)

IX. La paciencia y la oración (5:7-20)

I. SALUDO (1:1)

El saludo de la epístola es más breve de lo que aparece en otras epístolas del Nuevo Testamento, pero incluye el nombre de su autor y de los destinatarios. Las traducciones de la Biblia castellanizan el nombre del autor y lo llaman "Santiago". Sin embargo, la palabra griega que se usa es *Iakōbos*, Jacobo. Esta última es la traducción del nombre como se usa en el resto del Nuevo Testamento (Véase entre otros: Mt. 4:21; Mr. 3:17; Lc. 6:15; Hch. 15:13; Gá. 2:12; Judas 1:1).[89] Ya se ha mencionado en la introducción que entre los posibles autores es preferible considerar a Jacobo, el hermano de Jesús, como el escritor. En este comentario se usará la forma castellanizada del nombre por razones de coherencia con el título de la carta.

Él se identifica como "siervo de Dios y del Señor Jesucristo". Santiago al principio no creía que su hermano Jesús fuese el Mesías. Tal actitud era compartida por sus otros hermanos (Juan 7:1-6). Sin embargo, en Hechos 1:14 se menciona que la familia del Señor se había convertido y se congregaba con el resto de los discípulos del Señor. Una aparición que tuvo él del Jesús resucitado se menciona se menciona en 1 Corintios 15:7, y seguramente ocurrió antes de la ascensión del Señor. Luego de su conversión llegó a ser una persona influyente en

---

[89] "Muchos nombres bíblicos han cambiado en su viaje desde el hebreo al griego, latín y finalmente al castellano. Ninguno es más diferente en forma con respecto a su origen que «Santiago», que traduce el griego *Iakobos*, tomado del hebreo *Yaakov* («Jacob»). El nombre *Santiago* proviene de la fusión en la lengua castellana de las dos partículas Santo Iacob o Sant Iago, que luego sufrió otras modificaciones, como incluso se puede observar en la versión Reina de 1569, donde el título del libro es: *La Epístola Universal de S. Tiago*. De pasada, Diego es otra forma de Tiago" (MacDonald 2004: ebook).

la iglesia de Jerusalén junto con los doce apóstoles, Pablo lo identifica como "columna" de la iglesia junto con Pedro y Juan (Gá. 2:9). Él dio un discurso importante en el Concilio de Jerusalén cuando se decidió que los creyentes gentiles no necesitaban guardar la ley de Moisés para ser salvos (Hch. 15:12-21). Él mantuvo tal posición de líder hasta su muerte por el año 62 d.C.

El previamente incrédulo Santiago se hace llamar ahora "siervo", no sólo de Dios, sino de su hermano Jesús. Él entendió al convertirse que Jesús decía la verdad sobre sí mismo, por lo cual le llama "Señor Jesucristo". Esta frase indica la deidad de Jesús al llamarle "Señor", ya que es un título reservado para Dios. También reconoce el mesianismo de su hermano al llamarle "Jesucristo", es decir Jesús el Cristo o Mesías, el Salvador de Israel y de todo aquel que cree.

El autor utiliza la palabra griega *doulos* ("esclavo" o "siervo") para describir su relación con Dios y Jesucristo. Esta palabra es comúnmente traducida como "esclavo", pero también es usaba en la Biblia en el sentido de siervo o ministro de Dios. Denotando con esto el servicio que él presta a Dios y al Señor.[90] Santiago no apela a su posición como

---

[90] William Barclay afirma: "Lejos de ser un título de deshonra, era el título por el que se conocía a los más grandes del Antiguo Testamento. Moisés era el *doulos* de Dios (1 Reyes 8:53; Dn.9:11; Malaquías 4:4); también lo fueron Josué y Caleb (Jo. 24:29; Nm. 14:24); también lo fueron los grandes patriarcas, Abraham, Isaac y Jacob (Deuteronomio 9:27); también lo fue Job (Jb.1:8); también lo fue Isaías (Isaías 20:3); y *doulos* es distintivamente el título por el cual se conocía a los profetas (Amós.3:7; Zacarías 1:6; Jer.7:25). Al tomar el título de *doulos*, Santiago se coloca en la gran sucesión de aquellos que encontraron su libertad, su paz y su gloria en perfecta sumisión a la voluntad de Dios. La única

líder de la iglesia de Jerusalén o a su parentesco con Jesús. Seguramente los receptores le conocían bien y no necesita recordarles este hecho, pero lo más posible es que quisiera recalcar que el derecho para escribir esta carta se basaba en su posición como servidor de Dios y del Señor Jesús. La posición de autoridad que tenía la había recibido de Dios y su Salvador, y su lealtad se demostraba en su servicio a quienes Dios había puesto bajo su cuidado.

Los destinatarios son denominados como "las doce tribus que están en la dispersión". Santiago está usando esta frase para describir a los cristianos judíos que se hallaban dispersos fuera de Judea. Se ha propuesto que estos son aquellos que debido a la persecución tuvieron que salir de Jerusalén (Moo 2015: ebook). Este episodio se narra en Hechos 11:19, "Ahora bien, los que habían sido esparcidos a causa de la persecución que hubo con motivo de Esteban, pasaron hasta Fenicia, Chipre y Antioquía, no hablando a nadie la palabra, sino solo a los judíos". Estos creyentes seguramente procedían de lugares fuera de Jerusalén y Judea, y se podrían considerar como miembros de la Diáspora judía. Es muy posible que ellos fundaran iglesias entre grupos de judíos que se convertían por donde ellos iban anunciando el evangelio. La palabra *diáspora* designaba a los judíos que estaban esparcidos por el Imperio Romano, y cuyo idioma era el griego.

El hecho que Santiago use un idioma griego bien redactado en su carta refuerza el hecho que se dirige a cristianos judíos que procedían originalmente de ciudades fuera de Judea. A estos judíos se los denomina judíos helenizados o "griegos".

---

grandeza a la que el cristiano puede aspirar es la de ser esclavo de Dios"
(1975: ebook).

Estos judíos de cultura diferente a los habitantes de Jerusalén se convirtieron en gran número en los primeros días luego de Pentecostés, y eran un componente importante en la iglesia primitiva. Se narra en el libro de los Hechos un suceso que menciona el descuido en la ayuda a las viudas "griegas" o helenizadas. Los que hicieron el reclamo fueron "los griegos", es decir judíos helenizados (Hch. 6:1). Se ha cuestionado que Santiago tuviera la educación necesaria para escribir de manera refinada en griego, pero lo más posible es que él usó un amanuense experto en el idioma para redactar la epístola.

La persecución afectó a toda la iglesia, pero los judíos helenizados huyeron seguramente porque no tenían raíces fuertes con Jerusalén, y estaban en una mejor posición para vivir en ciudades fuera de Judea debido a su dominio del idioma griego.[91]

---

[91] "'Doce tribus' podría sugerir que Santiago está escribiendo a cristianos judíos, o incluso a judíos. Sin embargo, el término se había convertido en un símbolo del pueblo de Dios y puede haber sido transferido a los cristianos en general. Sin embargo, el contenido de la carta ciertamente sugiere una audiencia judeo-cristiana. ¿Dónde vivían estos cristianos judíos? 'Dispersión' indica que vivían fuera de Palestina. El verbo que Santiago usa aquí es afín a la palabra "Diáspora", el nombre dado a la comunidad judía fuera de Israel. Pero dado que creemos que Santiago está escribiendo en una fecha temprana (44-48 d.C.), sus destinatarios probablemente no vivían lejos de Palestina. De hecho, Hechos 11:19 sugiere las circunstancias de los lectores a los que Santiago se dirige en la carta: 'Ahora bien, los que habían sido esparcidos a causa de la persecución que hubo con motivo de Esteban, pasaron hasta Fenicia, Chipre y Antioquía, no hablando a nadie la palabra, sino solo a los judíos". En este escenario, entonces, los cristianos judíos a los que se dirige Santiago viven como exiliados en áreas cercanas a Palestina debido a su fe en Jesús. Su condición de exiliados explica por qué están experimentando algunas de las pruebas que menciona la epístola" (Moo 2011: ebook).

II. LAS PRUEBAS Y TENTACIONES (1:2-18)

En esta sección, la epístola trata mayormente del contraste
entre las pruebas y las tentaciones. La prueba se percibe
como un medio para madurar en la fe, si el autor no se ha
apartado del tema se podría asociar la sabiduría con la
prueba; tal vez para buscar discernimiento de Dios en medio
de las dificultades. Los versículos 9-11 no encajan con los
dos temas principales, ya que se refieren a pobres y ricos.
Esto no es de extrañar ya que es la manera en que Santiago
presenta sus pensamientos, pasando a un tema diferente y
luego volviendo hacia la idea central.

Se ve a la tentación como una forma de prueba, la cual debe
resistirse. Recordando que Dios no es la fuente de la
tentación, sino que esta procede de la naturaleza pecaminosa
humana. La consecuencia de ceder a la tentación es caer en
pecado.

Dios es la fuente de todo bien, y los creyentes tienen una
posición privilegiada ante Dios como "primicias de sus
criaturas" (1:18).

2-4 Santiago comienza su mensaje usando su palabra favorita
para dirigirse a los creyentes: "hermanos". La palabra tiene
sus orígenes en la fraternidad que los judíos sentían por sus
connacionales. Los hebreos usaban la palabra para dirigirse a
otros hebreos (Lev. 25:45-46; Nm. 32:6), manifestando así
que se sentían parte de una gran familia: los hijos de Israel
(Dt. 3:18). Pedro usó la palabra en su discurso el día de
Pentecostés para dirigirse a los judíos (Hch. 1:16; 2:29), y la
audiencia judía usó el mismo término para dirigirse a los
discípulos (2:37). Pablo usa la palabra para dirigirse a sus
connacionales (Hch. 13:26, 38).

De esta manera, fue natural que se usase la palabra "hermanos" para referirse entre sí a los creyentes en Cristo, quienes al principio eran todos judíos. La palabra luego se queda en la iglesia para identificar a cualquier creyente, sea judío o gentil (Ro. 1:13; 1Co. 1:11; 3 Juan 1:5, 10). La razón de tal identificación cobra mayor significado al considerarse los creyentes como hijos espirituales de Abraham (Gá. 3:7, 29) y por sobre todo hijos de Dios (Ro. 8:14, 16, 17). Pablo presenta a la iglesia como una familia (Gá. 6:10; Ef. 2:19). El autor de la *Epístola a los Hebreos* relaciona la filiación divina de los creyentes con el hecho de que Jesús se identifica con ellos al punto de llamarlos hermanos (Heb. 2:10-11, 17).

Los receptores de la carta estaban enfrentando dificultades que Santiago denomina como "diversas pruebas" (1:2). No se indica la naturaleza de las tales, pero pueden estar relacionadas con el rechazo que experimentaban por parte de otros judíos, algo que fue muy frecuente en la iglesia primitiva. La pobreza financiera estaba también presente, y Santiago alienta a los receptores diciéndoles que ellos eran ricos en la fe (2:5). Parece ser que también sufrían maltrato de ricos impíos (5:1-6). Por lo tanto, se les llama más adelante en la carta a tener paciencia en medio del sufrimiento (5:7-11). Si los receptores formaban parte de los que huyeron de la persecución en Jerusalén, también sufrían los resultados de ser desplazados y tener que comenzar de nuevo en un lugar diferente al que habían vivido. El apóstol Pedro indica que la prueba es algo que acompaña al creyente, y no es de extrañar el que suceda: "Amados, no os sorprendáis del fuego de prueba que os ha sobrevenido, como si alguna cosa extraña os aconteciese" (1Pedro 4:12). El Señor Jesús advirtió: "En el mundo tendréis aflicción; pero confiad, yo he vencido al mundo" (Juan 16:33).

Se invita a los destinatarios a tener "sumo gozo" (la Biblia *Dios Habla Hoy* traduce: "tenerse por muy dichosos") en medio de las pruebas (gr. *peirasmos*).[92] Se indica que los creyentes deben considerar que la prueba "produce paciencia", la que a su vez conduce a la madurez espiritual ("para que seáis perfectos y cabales"). Esta madurez significa que el creyente tendrá todo lo necesario para vivir la fe. En 2Pedro 1:3-10 se menciona la paciencia junto a otras virtudes que el cristiano debe mostrar pues de esta manera "no… [estarían] ociosos ni sin fruto" (2P. 1:8) La paciencia es una virtud elogiada en el Nuevo Testamento, y se la asocia con soportar las dificultades (Ro. 5:3-4; 8:25; 15:4). A Dios se le denomina "el Dios de la paciencia" (Ro. 15:5). En la carta se menciona la paciencia en seis ocasiones (1:3-4; 5:7-11), lo que indicaría el grado de aprietos que los receptores de la carta estaban enfrentando. En la *Epístola a los hebreos* se anima a los creyentes a tener paciencia, debido a los variados problemas que enfrentaban también (Heb. 6:12, 15: 10:36; 12:1). La paciencia que el creyente muestra ante las tribulaciones que enfrenta evidencia la importancia de perseverar en la fe, confiando en que esta virtud le ayudará a crecer en madurez.

2:5-8 La mención de la sabiduría podría estar relacionada con lo que se ha afirmado sobre las pruebas y la paciencia, ya que el fruto de la paciencia es ser "perfectos y cabales". Lo que

---

[92] J. Ronald Blue comenta: "Santiago dio el sorprendente consejo: 'Hermanos míos, tened por sumo gozo cuando os halléis en diversas pruebas'. Las pruebas deben ser enfrentadas con una actitud de alegría. Las pruebas no deben verse como un castigo, una maldición o una calamidad, sino como algo que debe provocar regocijo. Además, deben producir 'sumo puro' (lit., 'todo gozo'; es decir, gozo que es pleno o sin mezcla), no solo 'algún gozo' junto con mucho dolor" (1985: 820).

podría asociarse con la sabiduría. Sin embargo, esto no es seguro al considerar el estilo de Santiago que pasa de un tema a otro sin indicar transición. Se volverá al tema de la sabiduría más adelante en la carta asociándola con el buen uso del habla (3:1-18).

La sabiduría como Santiago la concibe no es algo meramente conceptual, sino que se muestra en la buena conducta (3:15). Se contrasta más adelante en la carta la sabiduría que viene de Dios y la de este mundo, enfatizando el buen testimonio que debe tener aquel que afirma tenerla (3:15-17).[93]

Se recalca que Dios es generoso en otorgar sabiduría a quien se la solicita, y tal deseo es elogiable (1:5). El factor importante es pedir "con fe, no dudando". Si Dios desea dar tal sabiduría a sus hijos no tiene sentido el dudar que Dios lo hará. Se usa la analogía de las olas del mar, que no permanecen quietas, sino son fluctuantes, para ilustrar la duda. La duda evidencia carencia de conocimiento de la naturaleza de Dios, pues "toda buena dádiva y todo don perfecto desciende de lo alto" (1:17). Santiago asocia la duda con una personalidad "inconstante".

2:9-11 En esta epístola se menciona más de una vez las tensiones de las clases sociales. Usando un lenguaje absoluto

---

[93] "El término sabiduría tiene a menudo un significado muy amplio en la Escritura, siendo equivalente a piedad, devoción y verdadera doctrina, en todo el ámbito de sus principios y deberes. El uno se emplea como una especie de sinónimo del otro. Aquí tiene un sentido más definido y restringido, acercándose más al significado natural y común de la palabra. La sabiduría es mucho más que conocimiento o comprensión. Podemos tener vastas reservas de información, incluso podemos tener elevado intelecto y, después de todo, ser poco o nada mejor que personas simples. Es una combinación peculiar de lo intelectual y lo moral" (Adam 1867: 18).

se presenta una perspectiva negativa de los ricos (2:1-7; 5:1-16), y se empatiza con los pobres (2:5). Se ve como positiva la condición humilde, pues la grandeza del creyente no es de orden social sino se basa en el hecho que Dios le ha aceptado, y por lo tanto como hijo de Dios ha sido exaltado a una posición de privilegio, aunque tal cosa no se evidencie en su situación financiera. Los receptores no estaban en una buena situación económica, y es muy posible que parte de las pruebas que experimentaban se relacionaban con ella. Así, Santiago los anima a no sentirse menos por su situación financiera, sino a pensar en su posición como salvados en Cristo.

Aquel que es rico, no tiene razón para gloriarse por su riqueza, ya que es pasajera. La "humillación" que se menciona puede señalar a que al convertirse el rico entiende su verdadero estado delante de Dios, y tiene que convertirse tal como cualquier ser humano, sin privilegios.[94] Se usa la analogía de transitoriedad de las hierbas y flores silvestres, que no duran, para indicar que tal cosa sucederá en su tiempo con la vida del rico. Las riquezas no lo acompañarán cuando su vida termine. El Señor Jesús relató una parábola para ilustrar esta verdad (Lucas 12:13-20). El apóstol Pablo afirma: "A los ricos de este siglo manda que no sean altivos, ni pongan la esperanza en las riquezas, las cuales son inciertas, sino en el Dios vivo [...]. Que hagan bien, que sean ricos en buenas obras, dadivosos, generosos" (1 Tim. 6:17-

---

[94] "Me gusta [...] la opinión de aquellos que [...] leen [este pasaje] como: 'Alégrese, el pobre, en que es exaltado espiritualmente; y el rico en que es espiritualmente humillado'. Así que la gracia los hace a ambos iguales ante Dios. El pobre que es demasiado bajo es exaltado, y el rico que es demasiado elevado es humillado, lo cual es motivo de gloria o gozo para ambos" (Manton 1995: ebook).

18). Algunos comentaristas piensan que esta referencia se refiere a ricos inconversos; sin embargo, tales ricos no podrían entender su posición de humillación. Al contrario, ellos eran altivos e impíos.

12-18 Se introduce ahora el tema de la tentación. La palabra griega traducida como "tentación" es la misma que se tradujo anteriormente en la carta como "prueba", *peirasmos*. Este es un caso típico en que el contexto indica cómo se debe traducir la palabra.

Aquel que resiste ("salir aprobado", Biblia *Nueva Versión Internacional*) la tentación tiene el favor de Dios, pues muestra que ama más a Dios que los placeres temporales. Para quien no se somete a su naturaleza pecaminosa le espera un galardón que Dios ha preparado: "la corona de vida". La analogía de la corona es frecuente en el Nuevo Testamento para identificar el premio final que el creyente recibirá por perseverar en la fe. Esta analogía señala la corona que se otorgaba al vencedor en una competencia, una corona hecha con ramas de laurel para celebrar al campeón. "Las coronas a menudo representan la salvación eterna (Sal. 149:4; Santiago 1:12; Apocalipsis 2:10). Pablo incluso llama a sus convertidos su 'corona' (Filipenses 4:1; 1 Tesalonicenses 2:19). La figura de una guirnalda en forma de corona, el premio por la victoria en los juegos atléticos grecorromanos, significa el disfrute final del cristiano de la bienaventuranza eterna (1 Corintios 9:25; 2 Timoteo 2:5; 4:8)" (Longman 2013: ebook).

La tentación no es producida por Dios, sino que procede de la naturaleza pecaminosa humana. El apóstol Pablo usa el término "carne" (gr. *sarx*) para designar la naturaleza humana caída que se manifiesta en "obras" o pecados específicos (Ro.

8:4-8), La *Epístola a los gálatas* contiene una lista de las tales (Gá. 5:19-21). Santiago usa el término "concupiscencia" para identificar la fuente de la pecaminosidad humana, que tienta al creyente. "Esta concupiscencia (gr. *exelkomenos*) cautiva a una persona como un pez sacado de su escondite, y luego lo atrae (gr. *deleazomenos*, del verbo *deleazō* 'cebar, atrapar un pez con cebo o cazar con trampas')" (Blue 1985, 822). Se presenta la secuencia de la caída en pecado: atracción, seducción, concepción, pecado y muerte.

La tentación apela a los deseos egoístas naturales de los humanos, el pecado se presenta de manera atractiva a los sentidos, que perciben beneficio o placer. La tentación forma parte de la vida humana, y es inevitable que suceda, El apóstol Pablo indica; "No os ha sobrevenido ninguna tentación que no sea humana; pero fiel es Dios, que no os dejará ser tentados más de lo que podéis resistir, sino que dará también juntamente con la tentación la salida, para que podáis soportar" (1Co. 10:13). De manera que la tentación debe ser resistida por el creyente, y evitar que esta le seduzca para que cometa el pecado al que le está invitando. Dios permite la tentación y el cristiano puede pedir a Dios fortaleza para soportarla, y ser librado de caer en caer en la seducción (2P. 2:9).

Se presenta el pecado como algo que se concibe, usando la analogía de la preñez.[95] La consumación del pecado da como

---

[95] J. Ronald Blue comenta: "Las imágenes biológicas son vívidas. La concupiscencia o deseo concibe y de esta concepción nace el pecado. [...] El bebé grotesco, el pecado, luego madura y produce su propia descendencia, la muerte. Los pasos son demasiado claros: la concupiscencia desenfrenada produce pecado, y el pecado no confesado trae la muerte. Qué extraño que el pecado dé a luz la muerte. Puede parecer extraño, pero Santiago advirtió a sus queridos hermanos y

consecuencia la muerte. Santiago no clarifica lo que quiere indicar con la palabra "muerte", y no se indica el acceso al perdón si se ha caído en pecado. Pablo utiliza la palabra muerte de una manera semejante: "Porque el ocuparse de la carne es muerte, pero el ocuparse del Espíritu es vida y paz" (Ro. 8:6). Tal vez lo que se quiere enfatizar es que el ceder constantemente a la tentación va despojando progresivamente al creyente de la nueva vida que le ha sido dada en Cristo. Ya que la paga del pecado es muerte (Ro. 6:23).

El creyente que ha caído en pecado puede arrepentirse y alcanzar perdón, algo que Santiago no menciona. "Hijitos míos, estas cosas os escribo para que no pequéis; y si alguno hubiere pecado, abogado tenemos para con el Padre, a Jesucristo el justo" (1Juan 2:1). En Gálatas 6:1 se afirma: "Hermanos, si alguno fuere sorprendido en alguna falta, vosotros que sois espirituales, restauradle con espíritu de mansedumbre, considerándote a ti mismo, no sea que tú también seas tentado".

Santiago recuerda que todo bien procede de Dios, de manera que la tentación no procede de Él. Se le llama a Dios el "Padre de las luces", una expresión poco común para referirse a Dios. La mayoría de los comentaristas piensan que "las luces" se refieren a los cambiantes astros brillantes del cielo,[96] que se contrastan con la inmutabilidad de Dios, Él

---

hermanas que iban a leer esta 'genealogía' que no se dejaran engañar ni desviarse. Así como una respuesta correcta a las pruebas puede resultar en el crecimiento hacia la plena madurez espiritual, una respuesta incorrecta a la concupiscencia conducirá a una caída en la triste pobreza espiritual y, en última instancia, hacia la muerte misma" (1985: 822).
[96] Peter H, Davids piensa que la expresión se refiere a los cuerpos celestes, especialmente el sol y la luna. "El padre de las luces es Dios. Dios no cambia ($\pi\alpha\rho\alpha\lambda\lambda\alpha\gamma\acute{\eta}$) ni es cambiado (oscurecido por una sombra

nunca cambia, de manera que por su naturaleza Dios no es la fuente de la tentación. Se llama a los creyentes "primicias" de las criaturas de Dios, habiéndoseles otorgado una nueva vida a través de la palabra de verdad del evangelio. Estas palabras darían ánimo a los receptores que enfrentaban pruebas, pues la posición de ellos es sobresaliente a pesar de las circunstancias.

III. LA PALABRA DEBE PRACTICARSE (1:19-26)

Esta división trata de la importancia de practicar lo que los receptores han aprendido de la palabra que se les ha enseñado. Esta "palabra" se refiere a las verdades del evangelio comunicadas por los apóstoles, las que a su vez se basan en la enseñanza de Jesucristo y una lectura cristológica del Antiguo Testamento. Santiago prefiere el término "Escritura" para referirse al texto bíblico veterotestamentario (2:8, 23; 4:5). Se recalca la trascendencia de la mansedumbre y la perseverancia en la verdad recibida. Se adelanta la importancia de controlar lo que se habla, algo que se tratará más adelante en detalle (3:1-18), y practicar la fe mostrando compasión por los desposeídos.

---

del cambio). Los términos sugieren una referencia general a los fenómenos astronómicos, particularmente al sol y la luna (Mussner, 91, seguramente tiene razón al notar la referencia a la creación, donde solo al sol y a la luna se los llaman luces en Gn. 1:18), que eran bien conocidos por cambiar (Sir. 17:31; 27:11; Epict. 1.14.4, 10; Sab 7:29; Eth. Enoc 41, 72; Prueba de Job 33), mientras que Dios es inmutable (Filón *Deus Imm.* 22; Leg. All. 2.33; Job 25, 5). Por lo tanto, sirven como una ilustración general de acuerdo con las imágenes, mientras que el único referente específico es Dios" (2013: ebook).

19-21 Es importante estar más dispuesto a escuchar que a hablar (véase Prov. 10:19), ya que la ira se expresa frecuentemente a través de palabras que condenan el objeto de enojo. La ira ciega los sentidos y puede expresarse violentamente de manera verbal o física. Esta se menciona como una obra de la carne en Gálatas 5:20. La ira que el ser humano expresa en momentos de ofuscación en manera alguna va a satisfacer la voluntad de Dios en tal situación. El apóstol Pablo señala que, aunque haya alguna razón válida para sentir enojo por una situación injusta, la ira no debe permanecer en el creyente: "Airaos, pero no pequéis; no se ponga el sol sobre vuestro enojo, ni deis lugar al diablo" (Efesios 4:26-27). Satanás aprovecha cada ocasión para provocar divisiones, de manera que los creyentes deben cuidarse de no caer en tal trampa al guardar resentimiento hacia otros.

Se exhorta a desechar "toda inmundicia y abundancia de malicia", las cuales se asocian frecuentemente con conductas desviadas, especialmente en lo que se refiere a la sexualidad (Gá. 5:19). Tales vicios abundan si no se ha rendido totalmente la vida a Dios, el creyente debe luchar para resistir los tales y mantenerse libre de conductas malsanas. La virtud de la mansedumbre es necesaria para permanecer en la palabra del evangelio, la cual anuncia salvación para aquellos que creen y perseveran en la verdad.

22-25 Se entra ahora plenamente en el punto principal de fallar en practicar la palabra. No basta con meramente oír la enseñanza recibida, no hay provecho para el creyente si no se comporta según lo que ha aprendido. Se usa la analogía de mirarse en un espejo y luego olvidarse como uno se veía. Al contrario, aquel que permite que la verdad de la palabra le refleje tal como es, y "persevera en ella" al obedecerla, será bendecido en lo que haga. Se usa el término "perfecta ley, de la libertad" para identificar la palabra enseñada, lo que indica un pacto superior a la ley mosaica la cual, en palabras de Pablo, trae esclavitud a aquellos que confían en ella para ser aceptado por Dios. Los que confían en la gracia de Dios para ser salvos han alcanzado la libertad en Cristo (Gá. 5:1).

26-27 Se encarece, por último, refrenar el habla, mostrar compasión por los desposeídos, y resistir la contaminación del mundo, si es que se quiere practicar una religión "pura y sin mácula". El Antiguo Testamento contiene mandatos específicos acerca de ayudar a los huérfanos y las viudas (Éx. 22:22; Dt. 10:18; Is. 1:17). Dios se presenta como el defensor de ellos (Sal. 68:5; Jer. 49:11). La iglesia primitiva tomó seriamente esta responsabilidad, e hizo provisión para las viudas creyentes (Hch. 6:1-6; 9:32, 41; 1Tim. 5:3). Recordemos que en la antigüedad no había organismos gubernamentales que se ocupasen de estos casos de necesidad, y que los desposeídos tenían que depender de la ayuda de familiares u otras personas para subsistir. Cuidar de los huérfanos y las viudas era una manera de honrar a Dios, vivir la fe con integridad y ser instrumentos de su paz y provisión. Seguramente tal necesidad estaba presente entre los judíos creyentes receptores de la epístola, por su calidad de exiliados.

IV. LA ACEPCIÓN DE PERSONAS ES DAÑINA (2:1-13)

Se exhorta en este pasaje a no mostrar parcialidad al momento de recibir a los asistentes a la congregación de creyentes. Se amonesta la discriminación hacia los pobres y la preferencia de trato a los ricos. Los hermanos cometen pecado al no seguir el mandamiento del amor. La ley es severa con los que la transgreden. Los cristianos, que siguen la ley de la libertad, no están exentos de recibir castigo por el pecado de carencia de misericordia, pero si la muestran se libran de recibir juicio.

1-7 La acepción de personas no tiene parte en la fe que los receptores tienen en el "glorioso Señor Jesucristo". Se menciona el caso específico de dar buen trato a los ricos, y menospreciar a los pobres que asisten a las reuniones cristianas. No sabemos si esta situación ocurría entre los receptores o si el apóstol está planteando un problema hipotético.

La palabra traducida como "congregación" en el griego es "sinagoga" (*synagoge*). Esto ha llevado a algunos a pensar que los receptores aún se congregaban en la sinagoga judía. Sin embargo, en el resto del Nuevo Testamento se señala que los judíos no cristianos rechazaban a los creyentes en Jesucristo, y los expulsaban de las sinagogas. De manera que el uso de la palabra no indica necesariamente que los receptores fueran miembros de alguna sinagoga local. También el uso de la palabra "sinagoga" lleva a algunos a suponer que Santiago escribe no solo a cristianos sino también a judíos no convertidos. Sin embargo, el uso de la palabra puede tener una connotación diferente a la que se da en otros pasajes, para indicar sencillamente las reuniones cristianas.

La apariencia de los ricos era reconocible por su vestimenta y joyas que lucían, lo que los hacía destacar de las personas sencillas. De la misma manera los pobres reflejaban en su vestimenta su estado.[97] Santiago desaprueba la actitud de preferencia dada a los ricos y el trato despectivo a los pobres. Se indica que con tal discriminación los creyentes llegan a ser "jueces con malos pensamientos" (2:4) al manifestar su preferencia sin considerar lo que Dios piensa al respecto.[98]

Se destaca que los pobres al convertirse se vuelven ricos "en fe y herederos del reino" prometido a los creyentes. La riqueza se convierte en un estorbo para la conversión, los pobres por lo general están más dispuestos a poner su fe en Dios porque no tienen prestigio alguno de qué preocuparse. De manera que es una afrenta para ellos el que la congregación de creyentes los discrimine.

No se dan detalles de la frecuencia ni motivación de los ricos al asistir a las reuniones de los cristianos. Sin embargo, las palabras de Santiago dan a entender que estos ricos eran los mismos que daban mal trato a los creyentes y blasfemaban

---

[97] Craig S. Keener indica: "Los anillos de oro también eran señal de alta posición y riqueza. De igual manera el vestido distinguía a los ricos, que podían ser muy ostentosos, de otros como los campesinos, que comúnmente tenían un manto que, por lo mismo, a menudo podía estar sucio" (2003: 688).

[98] "Al favorecer a los ricos (con la esperanza de recibir beneficios de ellos) y tratar a los pobres con desprecio, los lectores de Santiago no están actuando de acuerdo con esa valoración igual de todas las personas humanas que implica amar a todos como a uno mismo. Amar a cada persona como uno se ama a sí mismo requiere un trato igual para todos. Requiere la 'imparcialidad' que Levítico 19:15 (cf. Dt. 1:17; 16:19; Sir. 7:6-7) prescribe como el principio de igualdad ante la ley en las sentencias judiciales, y que Santiago extiende aquí al trato de la comunidad a sus miembros y a otros. Si tuviéramos que justificar esta extensión, podríamos decir que es requerida por el mandamiento del amor mismo, pero también que refleja la imparcialidad por la cual el Dios bíblico mismo es conocido en todos sus tratos justos con la humanidad (Dt. 10:17; 2 Cr. 19:7; Ec. 35:15-16; Hch. 10:34; Ro. 2:11; Ef. 6:9; Col. 3:25; 1 P. 1:17). Dios no tiene favoritos" (Bauckman 1999: ebook).

"el buen nombre" de Jesucristo. Esto podría indicar la falta de sinceridad de aquellos, o una situación hipotética para ilustrar una práctica indeseable.

8-13 Se argumenta ahora que la discriminación que los creyentes cometen va contra la ley. Se cita el mandamiento de amar al prójimo como a uno mismo para apoyar el punto. La acepción de personas es una transgresión del mandamiento de amor al prójimo, de tal manera que se convierte en un pecado. La ley mosaica deja bajo juicio a los que la transgreden, cualquiera que sea el pecado. Los creyentes están bajo la "ley de la libertad" en Cristo,[99] pero esto no significa que pecados tales como la discriminación quedarán impunes. Los creyentes que no muestran misericordia arriesgan castigo ("juicio") si no se arrepienten, pero si muestran misericordia al evitar la discriminación no sufrirán las consecuencias de juicio.

V. LA FE SIN OBRAS NO TIENE VALOR (2:14-26)

Esta sección de la carta ha sido vista como contradictoria con la doctrina paulina de la justificación por la fe sola, sin obras. Sin embargo, una lectura cuidadosa muestra que sus posiciones son complementarias y no opuestas. Santiago plantea que la "fe sin obras es muerta". El pasaje afirma que no es posible tener fe si esta no expresa en términos prácticos. La fe debe demostrarse a través de la acción. Se citan los

---

[99] "Nadie muestra más claramente que Santiago "la ley de la libertad" (1:25; 2:12), la cual es, en su propia fraseología, un contraste evidente con la letra [de la ley mosaica] y su esclavitud. Esta [ley de la libertad], como veremos, supone la nueva vida que la gracia de Dios da al creyente, y la cual encuentra su placer en las cosas que complacen a Dios como Él las muestra en su Palabra" (Kelly 1913: 3).

ejemplos de Abraham y Rahab, del Antiguo Testamento, para ilustrar el argumento.

14-17 Se critica la fe meramente conceptual, sin frutos. Esta no es provechosa para el que dice tenerla. Se contrasta el caso de un creyente necesitado con la actitud pasiva de otro creyente que no hace esfuerzo alguno en ayudar a solucionar la situación del que necesita asistencia. El manifestar buenos deseos para el desvalido, sin entregar ayuda práctica, no refleja una fe genuina. Tal actitud es evidencia de una fe sin vida.

18-26 La auténtica fe se muestra en las obras, esto indica que Santiago está hablando de un creyente y no de la fe que *conduce* a un pecador a la salvación. El creer en la existencia de Dios no es evidencia de verdadera fe. Los demonios reconocen que Dios existe, pero no significa que ellos tengan fe. La fe siempre se expresa en términos prácticos. Santiago ilustra su argumento con los ejemplos de Abraham y Rahab. Se cita el caso cuando el patriarca estuvo dispuesto a sacrificar su hijo para demostrar que la fe de Abraham se manifestó en manera práctica. La fe manifestada en obras le fue contada al patriarca por justicia (Gn. 22:1-19). En el caso de Rahab, ella mostró su fe al ayudar a los espías hebreos (Josué 2:1-21; 6:22-25).

Este pasaje da la impresión de que Santiago intenta corregir el error de suponer que la fe del creyente no necesita estar acompañada de buenas obras. La salvación es por gracia, pero *para* mostrar buenas obras: "Porque por gracia sois salvos por medio de la fe; y esto no de vosotros, pues es don de Dios; no por obras, para que nadie se gloríe. Porque somos hechura suya, creados en Cristo Jesús para buenas obras, las cuales Dios preparó de antemano para que anduviésemos en ellas" (Ef. 2:8-10). Por lo tanto, las perspectivas de Pablo y Santiago más bien señalan a diferentes etapas de la salvación. Pablo habla de la fe que conduce a la salvación, Santiago habla de la fe evidenciada en obras que deben mostrar aquellos que ya son salvos.[100]

VI. EL PODER DE LA PALABRA HABLADA (3:1-18)

La palabra hablada es el tema central de esta división, y se deriva de la amonestación de no hacerse maestros. Lo que señalaría a la enseñanza. Santiago muestra aquí un típico caso del uso de lenguaje absoluto, al exhortar a los receptores a hacer un buen uso de la palabra hablada. Se usa la figura literaria de metonimia al usar la palabra "lengua" para referirse al *habla*. La argumentación se centra en condenar el

---

[100] Bruce Barton comenta respecto de las enseñanzas de Pablo y Santiago en cuanto a la fe: "Primero, considere los puntos de vista de los escritores a la luz de las situaciones que abordaban en sus cartas. Se enfrentaban a diferentes problemas. Pablo estaba respondiendo a los judaizantes, quienes decían que las obras, tales como la circuncisión y la observancia de las leyes ceremoniales judías, eran necesarias para la salvación. Santiago estaba respondiendo a aquellos que creían que el mero asentimiento intelectual era suficiente para obtener la salvación. En segundo lugar, hay una diferencia en el marco de tiempo en la vida del creyente cuando hace sus declaraciones. Pablo comenzó desde el principio, en la conversión. Nadie puede ganarse el perdón y la salvación de Dios. Solo podemos aceptarlo. Santiago le habló al creyente profesante, uno que ya ha aceptado ese perdón y salvación, explicándole que la persona debe vivir una nueva vida. Nadie puede salvarse por medio de las obras; Nadie puede salvarse sin producir obras. No somos salvos *por* buenas obras, sino *para* buenas obras. El punto de Santiago no era que las obras deben agregarse a la fe, sino que la fe genuina incluye las obras" (2001: 1079, cursivas del autor).

mal uso de la "lengua", al presentarla en términos negativos. Se usan gran variedad de analogías para tal objetivo.

Debido a que los maestros deben comunicar la verdad del evangelio, se contrasta la sabiduría terrenal con la verdadera que viene de Dios.

1-5 Se comienza con la desaprobación de la práctica de algunos creyentes de hacerse maestros, la que se relaciona directamente con la enseñanza oral. La posición de asumir ligeramente la posición de enseñadores expone a los creyentes a ofender a otros con sus palabras. Santiago plantea que el ofender a otros es algo fácil de hacer, y aquellos que son capaces de edificar con sus palabras evidencian madurez y dominio propio. En otras palabras, la posición de maestro es para los maduros en la fe, y no es algo que sencillamente se asume ligeramente por ambición personal.[101]

Santiago procede ahora a usar variadas analogías para ilustrar lo que la lengua descontrolada puede hacer. Se usa la analogía de aparatos sencillos que controlan entes poderosos. El freno en los caballos hace que estos animales obedezcan a su jinete o conductor. Los caballos en la antigüedad eran considerados instrumentos poderosos de guerra. Ellos no estaban para ser disfrutados en paseos sino para ser usados en la batalla, ya sea por jinetes o en carros de guerra. La idea es

---

[101] "En la iglesia primitiva, los maestros eran muy importantes. Tanto la supervivencia como la profundidad espiritual de los creyentes dependían de ellos. En la iglesia de Antioquía, estaban clasificados en estatus con los profetas que enviaron a Pablo y Bernabé (Hechos 13:1). Los maestros eran el punto de contacto para todos los nuevos creyentes porque los convertidos necesitaban instrucción en los hechos del evangelio, y los maestros los edificarían en la fe. El problema era, sin embargo, que algunos maestros tenían la capacidad de comunicarse, pero estaban impulsados por motivaciones muy mundanas" (Barton 2001: 1081).

que un simple artefacto pone bajo control del que lo usa un elemento poderoso que puede manejar.

El timón de las grandes naves controladas por un pequeño timón es otra ilustración de cómo un aparato sencillo logra controlar algo mucho más grande. Santiago usa estas ilustraciones para contrastarlas con el hecho que la lengua, aunque pequeña, puede convertirse en algo muy negativo, a diferencia de las analogías positivas ya dadas. La lengua, aunque pequeña es jactanciosa, y su mal uso puede traer serias consecuencias tales como el caso de un pequeño fuego que puede provocar el incendio de un gran bosque.

6-12 Se describe ahora en términos gráficos todo el mal que la lengua puede provocar. Santiago se centra, principalmente, en el mal uso del habla. El habla usada por el Espíritu Santo o con buenas motivaciones es de gran bendición para otros (véase Prov. 12:18). El lenguaje absoluto del escritor se centra más en lo negativo.

Por lo tanto, este pasaje debe interpretarse como una advertencia del uso del habla con malas intenciones o motivaciones incorrectas. Tal uso no tiene lugar en la vida del creyente, cuya habla debe tener el objetivo de edificar y bendecir a otros. Se describe el habla negativa como un fuego que es alimentado por el infierno,[102] perteneciente al ámbito

---

[102] El infierno (gr. *Gehena*, valle donde se quemaba la basura de la ciudad) es asociado con el juicio de Dios. De manera que el fuego del juicio venidero ya está presente en el habla impía, y anuncia lo que vendrá sobre los transgresores. "El hecho que el fuego [de la lengua] sea inflamado por el infierno sugiere a dónde conduce; los cuadros judíos del Gehena, al igual que las imágenes que Jesús usara para hablar de la suerte de los condenados típicamente incluía el fuego" (Keener 2003: 691)

de la maldad, que contamina a la persona completa y produce resultados nefastos. Se indica que la lengua no puede ser controlada, y está "llena de veneno mortal". De manera que los creyentes deben guardarse para que la lengua sea usada como instrumento de bendición. Se usan las analogías de una fuente y el fruto que se espera de un árbol para indicar lo que se espera del creyente en cuanto al uso del habla. Una fuente produce sólo una clase de agua y lo mismo sucede con el fruto que se espera de los árboles.

13-18 Debido a que la sabiduría se relaciona con el habla, se contrasta la sabiduría maligna con la que procede de Dios. El creyente sabio debe mostrar en su conducta la sabiduría que ha recibido, enfatizándose la mansedumbre. Por el contrario, aquel que se jacta de ser sabio, pero no lo refleja en su comportamiento, no tiene la sabiduría que viene de Dios. Se indica que tal sabiduría que se dice tener es "terrenal, animal y diabólica", ya que no refleja los buenos frutos de la verdadera. Si hay envidia, disensiones y malas obras no está presente Dios. La sabiduría de "lo alto" tiene intenciones puras, manifestando cualidades de paz, amabilidad, benignidad, misericordia, y buenas obras. No hay lugar para la incertidumbre ni la hipocresía en la sabiduría que Dios da. Se usa la expresión "fruto de justicia" para denominar los "buenos frutos" (3:17) de tal sabiduría, y esta se siembra en paz. "En esencia, la paz es el objetivo final de la sabiduría, y la sabiduría solo alcanza su máximo potencial en medio de la paz" (Blomberg y Kamell 2009: ebook).

La epístola recalca que las verdades del evangelio (sabiduría) deben ser enseñadas de tal manera que los maestros tengan que mostrar lo que saben primeramente mostrando buena conducta en sus vidas. Si no hay buenos frutos en aquellos que enseñan, se está cayendo en la hipocresía, ya que las acciones niegan la aplicación personal de las verdades que se quieren comunicar.

VII. LA COMUNIÓN CON DIOS, MURMURACIÓN, Y JACTANCIA (4:1-17)

Esta división contiene varios temas. Santiago exhorta a los receptores a no caer en actitudes y conductas malsanas. La falta de respuesta a las oraciones se debe a la mala motivación de los que piden, los cuales deben evaluar sus motivaciones. Se recalca que se debe resistir al mundo y mantenerse fiel a Dios, ya que Él espera fidelidad de los creyentes. De manera que ellos deben buscar a Dios en humillación. Las murmuraciones y juicios no tienen lugar en la comunidad de la fe.

Se censura el concepto de que el futuro es seguro, el creyente debe poner lo que viene en las manos de Dios y no jactarse de lo que no puede controlar.

1-10 Se llama "pasiones" a la raíz de los problemas de relaciones humanas entre los receptores. Las pasiones propias de la naturaleza humana pecaminosa producen divisiones y malos deseos tales como codicia y envidia. Las oraciones no respondidas se deben a las motivaciones erróneas, "para gastar en vuestros deleites" (4:2). Parece ser que los "deleites" mencionados están relacionados con el amor al mundo.[103] El creyente ha sido rescatado del mundo ya que el

---

[103] "Este espíritu mundano, propicio para la amistad con el mundo, fue también ocasión de amargas luchas entre ellos, en las que murmuraban unos contra otros, y con celo apasionado contendían con palabras violentas. Estas afirmaciones no eran 'discusiones teológicas' (Reuss) o 'disensiones doctrinales' (Schmid), ya que la epístola no apunta a

estilo de vida mundano se opone a Dios (véase 1Juan 2:15-17).

El Señor espera fidelidad de su pueblo y no un corazón dividido entre el mundo y Dios. La cita de las Escrituras a la que se hace alusión (4:5) no se encuentra exactamente fraseada en el Antiguo Testamento. Da la impresión de que Santiago está parafraseando libremente algún pasaje, tal como Proverbios 3:34: "Ciertamente él escarnecerá a los escarnecedores, y a los humildes dará gracia". El otro problema con este versículo es como traducirlo del griego. La versión Reina-Valera 1960 traduce el pasaje para indicar que el Espíritu Santo que mora en el creyente anhela que el cristiano se mantenga fiel a Dios. Otras versiones traducen el pasaje de manera que se refiere al espíritu del hombre que Dios le ha dado. "Ellas [las Escrituras] dicen que Dios desea fervientemente que el espíritu que puso dentro de nosotros le sea fiel" (4:5, *Nueva Traducción Viviente*).[104]

La gracia de Dios se manifiesta más a favor de los humildes. La rendición a Dios por parte del creyente le da fortaleza para resistir las tentaciones del maligno, que vienen a través de los deleites que el mundo ofrece. La firmeza hace que el poder de las tinieblas se mantenga alejado del hijo de Dios, "resistid al diablo, y huirá de vosotros" (4:7).

---

ninguna de ellas; sino que se refería a la vida práctica, especialmente al comportamiento del cristiano en el mundo" (Huther 1888: 12).

[104] Peter H. Davids dice: "Mejor es la traducción: 'Dios anhela celosamente el espíritu que hizo que habite en nosotros'. Eso significa que Dios le dio a cada persona su espíritu. Él anhela celosamente el amor puro de la persona en respuesta (cf. Éxodo 20:5-6). Las Escrituras no hablan vacíamente del celo de Dios, como lo descubrió Israel por experiencia dolorosa cuando trató de servir tanto a Dios como a Baal" (1994: 1364).

Se hace un llamado a vivir en comunión más cercana con Dios, para recibir mayor favor de Él. Se exhorta a los receptores al arrepentimiento sincero, sintiendo tristeza por su pecado. Dios exaltará a aquellos que se rinden a Él. Tales exhortaciones recuerdan las palabras del profeta Joel al llamar al pueblo al arrepentimiento (Joel 2:12).

11-12 La carta condena la murmuración contra otros creyentes. El juicio infundado hace que el ofensor se ponga en la posición de juez. Tal juicio lo puede hacer solo "el dador de la ley" (Dios), pero no el creyente. Este pasaje hace eco de la enseñanza del Señor Jesús en Mateo 7:1-5 sobre juzgar a los demás.

13-16 La jactancia sobre la certeza del futuro no tiene sentido ya que este es incierto para el ser humano. Santiago recalca que la vida es pasajera y "se desvanece" sin advertencia. Se exhorta al creyente a encomendarse a la voluntad soberana de Dios en sus planes. Tal jactancia no es beneficiosa, y si el creyente insiste en ella está pecando pues no hace lo que es bueno.

VIII. LAMENTO SOBRE LOS RICOS IMPÍOS (5:1-6)

En este pasaje se hacen fuertes declaraciones acerca de los ricos impíos, enfatizando que sus riquezas no permanecerán. Se indica que sus tesoros no les servirán, ya que el juicio de los "días postreros" vendrá sobre ellos. Seguramente el autor está pensando en el pronto retorno de Jesucristo que traerá juicio sobre los ricos impenitentes.[105]

---

[105] "En Santiago 3 el autor expresó sus advertencias contra la lengua en estilo hiperbólico (especialmente 3:6), incluso hasta el punto de llamar a

Se hace mención del maltrato que los ricos hacen de los que trabajan para ellos al engañarlos y no pagarles sus salarios. El clamor de los oprimidos ha llegado a Dios lo que refuerza la idea del juicio que vendrá. Los ricos viven de una manera egoísta, solo para sus deleites, e incluso han participado en condenar a los justos a muerte.

IX. LA PACIENCIA Y LA ORACIÓN (5:7-20)

Esta división considera varios temas entre los que sobresalen la paciencia en medio de las dificultades y la oración. Se les recuerda a los receptores de la pronta venida de Jesucristo para que cobren ánimo. Los creyentes son alentados a considerar a creyentes piadosos del Antiguo Testamento, tales como los profetas, para mantener su fe. Job y Elías son mencionados como ejemplo.

1-11 Los creyentes deben tener paciencia en las aflicciones en vista del inminente retorno del Señor Jesucristo. Se aprecia una escatología cercana, que era muy común en la iglesia del primer siglo, "la venida del Señor se acerca" (5:8). Se usa la analogía de la siembra y la cosecha para recalcar la paciencia de los creyentes frente a las circunstancias adversas. Los

---

la lengua 'un mundo de maldad', aunque de ninguna manera está diciendo que todos los usos de la lengua son malos. Es la misma grandeza del don del habla lo que lo hace cargado de peligros mortales. Del mismo modo, Santiago censura aquí la adquisición desenfrenada y el acaparamiento de riqueza. La riqueza en sí misma no es mala, pero se adquiere tan comúnmente por medios opresivos y tan a menudo se acumula con egoísmo que, como la lengua, puede ser veneno. Y así como 'por tus palabras serás justificado, y por tus palabras serás condenado' (Mateo 12:37), de la misma manera por nuestra riqueza seremos justificados o condenados. Por lo tanto, de alguna forma, Davids (1982: 171) tiene razón al llamar a la riqueza otro tipo de 'prueba'" (McCartney 2009: ebook).

profetas del Antiguo Testamento son presentados como ejemplo de paciencia en medio de las tribulaciones. Aquellos que sufren reciben bienaventuranza, tal vez Santiago está recordando la enseñanza de Jesucristo: "Bienaventurados los que padecen persecución por causa de la justicia…" (Mt.5:10). El ejemplo de Job muestra que los justos que muestran paciencia en las aflicciones reciben al final recompensa de parte de Dios, pues Él es "misericordioso y compasivo" (véase Job 42:10-17).

12-19 Los últimos consejos de Santiago a los receptores de la carta son variados, pero se dedica mayor espacio a la oración. Se recuerda la enseñanza del Señor Jesús acerca de los juramentos (Mt. 5:34, 37), y se exhorta a mantener las promesas sin necesidad de jurar para asegurar la palabra empeñada.

La oración debe estar presente en medio de la aflicción, cuando se está enfermo los ancianos o líderes son invitados a orar, y los creyentes pueden esperar sanidad y perdón de pecados. Se invita a que los receptores estén dispuestos a confesar que han ofendido a otros creyentes, y a orar unos por otros para recibir sanidad. Tal vez esto podría indicar que algunos estaban enfermos debido a los conflictos con otros creyentes (véase un caso similar en la iglesia de Corinto, 1Corintios 11:30-32).[106] La oración a Dios tiene resultados

---

[106] Luke L. Cheung y Andrew B. Spurgeon indican: "En el Nuevo Testamento, hay algunos casos en los que el pecado está relacionado con la enfermedad y la muerte, por ejemplo, el caso de Ananías y Safira (Hechos 5:1-11). Pablo dice que el comportamiento inadecuado en la Cena del Señor había resultado en enfermedad y muerte entre los corintios (1 Corintios 11:30). Santiago también dice que si el que estaba físicamente enfermo había cometido algún pecado que le estaba causando sufrimiento, y oran al respecto con los ancianos, el Señor los

poderosos. Se recuerda el ejemplo del profeta Elías, el cual no era superior a los receptores, que por su oración trajo el juicio de la sequía sobre Israel y de la misma manera por su oración se restauró la lluvia.

Aquellos dispuestos a buscar al "extraviado" y restaurarle a la fe hacen una labor encomiable, pues libran a un pecador de la condenación y evitan que éste siga pecando al estar lejos de Dios.

---

perdonará y recibirán sanidad espiritual (y posiblemente física)" (2019: ebook).

BIBLIOGRAFÍA SELECTA

Adam, John, *An Exposition to the Epistle of James* (London, England: T. & T. Clark, 1867).

Allison, Dale C., "James" en The International Critical Commentary (London, England: T&T Clark, 2013).

Barclay, William, *The Letters to the Corinthians* (Filadelfia, Pennsylvania: The Westminster Press, 1975).

Barton, Bruce, *Life Application New Testament Commentary* (Wheaton, IL: Tyndale, 2001).

Bauckham, Richard, *James* (Abingdon, England: Routledge, 2014).

Blomberg, Graig, L. y Mariam J. Kamell, "James" *Exegetical Commentary on the New Testament* (Grand Rapids, MI: Zondervan, 2009).

Blue, J. Ronald "James", en *The Bible Knowledge Commentary: An Exposition of the Scriptures*, vol. 2 (Wheaton, IL: Victor Books, 1985).

Cadoux, Arthur Temple, *The Thought of St. James* (London, England: James Clarke & Co., 1944).

Cheung, Luke L. y Andrew B. Spurgeon, "James" en *Asia Bible Commentary* (Carlisle, Cumbría, UK: Langham Global Library, 2019).

Davids, Peter H, "The Epistle of James" en *The New International Greek Testament Commentary* (Grand Rapids, MI: Eerdmans, 2013).

_____ Peter H. Davids, "James", en *New Bible Commentary: 21st Century Edition*, (Leicester, England: Downers Grove, IL: Inter-Varsity Press, 1994).

Douglas, J. D., M. C. Tenney, y M. Silva "James, Letter of" en *Zondervan Illustrated Bible Dictionary* (Grand Rapids, MI: Zondervan, 2011).

Green. Joel B., *James: A commentary* (Louisville, Kentucky: Westminster John Knox Press, 2025).

Guthrie, Donald, *New Testament Introduction* (Downers Grove, Illinois: Intervarsity, 1973).

Heuther, Joh Ed., *Critical and Exegetical Handbook to the General Epistles of James, Peter, John, and Jude* (New York, NY: Funk & Wagnalls, 1887).

Keener, Craig S., *Comentario del contexto cultural de la Biblia* (El Paso, TX: CBP, 2003).

Kelly, William, *Exposition of the Epistle of James* (London, England: F. E. Race, 1913).

Lea, Thomas D. "The General Letters", en *Holman Concise Bible Commentary* (Nashville, TN: Broadman & Holman Publishers, 1998).

Longman, Temper III (Ed.), "Crown" en *The Baker Illustrated Bible Dictionary* (Grand Rapids, MI: Baker, 2013).

McCartney, Dan, "James" en *Baker Exegetical Commentary on the New Testament* (Grand Rapids, MI: Baker, 2009)

MacDonald, William, *Comentario Bíblico de William MacDonald* (Terrasa: CLIE, 2004).

Manton, Thomas, "James" en *Crossway Classic Commentaries* (Wheaton, Illinois: Crossway, 1995).

Moo, Douglas J., "James" en *Tyndale New Testament Commentaries* (Nottingham, England: Inter-Varsity, 2015).

Moore-Keish, Martha L., "James" en *Belief: A Theological Commentary on the Bible* (Louisville, Kentucky: Westminster John Knox Press, 2019).

_____ "James" en *Zondervan Illustrated Bible Backgrounds Commentary* (Grand Rapids, MI: Zondervan, 2011).

Radmacher, Earl, Ron Allen y H. Wayne House (Eds.) *Compact Bible Commentary* (Nashville, TN: Nelson, 2004).

Reese, Ruth Anne, "James" en *A New Covenant Commentary* (Eugene, OR: Cascade Books, 2004)

Richardson. Kurt A., "James" en *The New American Commentary* (Nashville, TN: Holman Publishers, 1997).

Thompson, James W., "James, the Letter of" en *The HarperCollins Bible Dictionary*, (New York, NY: HarperCollins, 1996).

www.ingramcontent.com/pod-product-compliance
Lightning Source LLC
LaVergne TN
LVHW051413080426
835508LV00022B/3066

* 9 7 9 8 9 9 9 3 1 0 5 6 2 8 *